Die vierte Dimension

Maurice Maeterlinck

Sonderausgabe Nr.: 20

Mein Dank geht an Peter Windsheimer für das Design sämtlicher Bilder, des Weiteren an Ariane und Michael Sauter.

Für Schäden, die durch falsches Herangehen an die Übungen an Körper, Seele und Geist entstehen könnten, übernehmen Verlag und Autor keine Haftung.

© 2019 Maeterlinck, Maurice
Herstellung und Verlag:
BoD – Books on Demand, Norderstedt
ISBN: 9783741275456

Alle Rechte, auch die fotomechanische Wiedergabe (einschließlich Fotokopie oder der Speicherung auf elektronischen Systemen), vorbehalten.
All rights reserved.

Die vierte Dimension.

I.

Der Raum, jenes große Geheimnis, vielleicht das allergrößte, ruhte seit langem, vor allem seit den schon fernen Tagen Kants, der ihm dem Anschein nach einen endgültigen Platz in unserem Gehirn zugewiesen hatte, in tiefem Schlummer. Man glaubte, alles über den Raum sei gesagt, und dieses Alles war so gut wie nichts. Doch da erwacht er unter dem Zauberstab eines genialen Physikers, lebt wieder auf, vervielfältigt sich, wird von unerwarteten Tatsachen und Ereignissen bevölkert, wächst unabsehbar über unsere Vorstellung, unseren Verstand hinaus, erwirbt eine vierte Dimension; und in neuen Erscheinungsformen feiern Raum und Zeit, seine nicht erkennbare Schwester, ihre wunderbare Hochzeit, zu der alle geladen werden, die guten Willens sind.

Ich maße mir nicht an, hier eine wissenschaftliche Untersuchung der vierten Dimension zu geben. Diese Untersuchung bleibt der höheren Mathematik vorbehalten, und das ist ein gefährliches Gebiet.

Ich habe dessen äußerste Grenze nur als wissbegieriger Zuschauer aufgesucht, der einer Folge von Operationen beiwohnt, bei denen es mehr auf ihre Ergebnisse als auf ihren Verlauf ankommt.

Das Problem der vierten Dimension ist nicht nur ein mathematisches, es greift in das wirkliche Leben ein, wenigstens in das höhere Leben des Alltags; und wie bei vielen Problemen dieser Art, zum Beispiel in der Theologie, der Metaphysik oder der Strategie, verbirgt sich unter dem blendenden wissenschaftlichen Gepränge, das sie auf den ersten Blick unzugänglich erscheinen lässt, eine einfache Frage des gesunden Menschenverstandes, der aus fast unbekannten Tatsachen und Beobachtungen oft Schlüsse zu ziehen versteht, die jedermann, hat er sie erst einmal ins Auge gefasst, erforschen und fruchtbringend begreifen kann.

Ich glaube, es braucht nicht hinzugefügt zu werden, dass es sich hier um eine elementare Studie handelt. Als ich sie schrieb, hatte ich keinen anderen Vorsatz, als den Leser einen Augenblick lang für bestimmte ungewöhnliche Erscheinungsformen, die Gegenstände und Lebewesen im Raum annehmen, zu interessieren, und vielleicht in einigen wissbegierigen Geistern den Gedanken anzuregen, die Erforschung dieser Erscheinungsformen weiterzuführen.

Man glaube nicht, dass man nach dem Lesen dieser Studie wissen wird, was die vierte Dimension ist. Höchstens wird man lernen auszusondern, was sie nicht ist. „Wer sein Leben dem einen Ziel weihte, könnte vielleicht dahin gelangen, sich die vierte Dimension vorzustellen", hat Henri Poincare gesagt. Das ist kein zugespitzter Aphorismus, wie man geglaubt hat. Niemand, außer anscheinend dem englischen Mathematiker Howard Hinton, hat es fertiggebracht, seine Vorstellungskraft so auszubilden, dass er sich ein Hypervolumen, ein Polyedroid vorzustellen vermochte. Aber das Unvermögen, sich die vierte Dimension vorzustellen, beweist nicht, dass sie ein Hirngespinst ist. Außer einigen wenigen Widerspruchsgeistern sind sich alle Meister der höheren Mathematik, Henri Poincare, wie wir sehen werden, an der Spitze, darin einig, dass sie vorhanden, ja sogar unbestreitbar ist.

II.

Das Problem dieser Dimension, die also nicht imaginär, sondern nur schwer verständlich ist, beschäftigt im Augenblick eine ganze Reihe von Gelehrten und Philosophen. Es ist erst kürzlich aufgetaucht und hat das mehr oder weniger gelöste Problem von der Quadratur des Zirkels abgelöst, sowie das vom Perpetuum mobile, das ein wenig vernachlässigt zu werden scheint. Seit einigen Jahren hat es einen großen Schritt vorwärts getan, doch ist es noch weitab vom Ziel. Um eine vierte Dimension klar zu erfassen, müsste man andere Sinne, ein anderes Gehirn, einen anderen Körper haben als wir, mit einem Wort, müsste man vollkommen aus der irdischen Hülle schlüpfen können, also kein Mensch mehr sein. Aber es ist wohl möglich, dass wir nicht endgültig der Mensch bleiben werden, der wir sind.
Es ist bekannt, dass die euklidische Geometrie nur mit drei Dimensionen rechnet, der Länge, der Breite, der Höhe oder Dicke. Seit 1621 jedoch ist dank den Arbeiten von Sir Henry Saville aus den unzulänglichen Grundlagen der eigentlichen Geometrie, namentlich bezüglich der Parallelen, die nichteuklidische Geometrie entstanden, in der die Namen Saccheri, Lambert, Gauß, Lobatschensky (dessen Arbeiten außerordentlichen Widerhall in der wissenschaftlichen Welt fanden), Bolyai, Riemann, Helmholtz, Beltrami und einige andere glänzen. Man stellt in dieser neuen Geometrie fest, dass unser Raum nicht streng euklidisch ist und dass wir fähig sind, uns verschiedene Arten von Raum vorzustellen, wo Parallelen sich treffen können, die krumme Linie nicht länger ist als die gerade, die Winkel eines Dreiecks größer sind als zwei

rechte, die Winkel des Dreiecks, dessen Seiten man verlängert, sich unbegrenzt verkleinern, und andere unerklärliche Abweichungen mehr. Diese nichteuklidische Geometrie wird zur Hypergeometrie oder Metageometrie, dem System der Erforschung des Hyperraums oder vierdimensionalen Raums, der erdichtet ist, wie einige sagen, durchaus wirklich, wie alle anderen behaupten, und der vor allem der Raum ist, in dem Einstein seine gewaltigen Probleme entfaltet. Sie sieht, um nur eine ihrer Theorien zu erwähnen, die dreidimensionale Kugel als einen Schnitt des Hyperraums an und erforscht die möglichen Eigenschaften von Linien, die sich außerhalb unseres euklidischen Raums befinden, ebenso die Beziehungen dieser Linien und ihrer Winkel zu den Linien, Winkeln, Oberflächen und Körpern unserer Geometrie

III.

Aber was ist eigentlich dieser Hyperraum? Hier beginnen die Schwierigkeiten. Ist es ein menschlicher Raum, das heißt ein Raum, wie ihn sich die menschliche Anschauung vorzustellen versucht, indem sie sich mit gegebenen Größen hilft, durch die sie sehr weit geführt werden kann? Um uns einen Begriff davon zu vermitteln, nimmt Professor Umoff an, dass in unserem Weltall, so wie wir es kennen, das von der Materie erfüllte Volumen zu dem umgebenden leeren Raum sich verhält wie eine Sekunde zu einer Million von Jahren; mit anderen Worten, wollte man aus aller Materie bis zum letzten Stern, den unsere Fernrohre wahrnehmen, eine einzige Kugel bilden, auf der alles verzeichnet stünde, was wir von der Materie wissen – denn alles, was wir wissen, bezieht sich nur auf die Materie –, so würde diese eine Kugel unter gleich viel Milliarden anderer Kugeln schweben (die sozusagen nur den leeren Abgrund zwischen den Sternen enthielten), wie es Sekunden in zehntausend Jahrhunderten gibt. Ist der Raum, der diese Milliarden von Kugeln umschließen würde, und in dem wir uns immer noch unter einer von unseren Sinnen und unserer Vorstellungskraft begrenzten Kuppel befänden, der Hyperraum? Ist nicht dieser Hyperraum vielmehr der Raum der Einsteinsehen Hypothese, einer Hypothese, die auf der Dichtigkeit der Materie und der Krümmung des Weltalls beruht? Diese Hypothese läuft notwendigerweise auf ein endliches Weltall hinaus, denn jede Krümmung, die man verlängert, kehrt in sich selbst zurück und bildet einen Kreis oder eine Kugel. Man weiß, dass diese Krümmung des Universums in einem Punkt an die Dichte der Materie in

der Umgebung dieses Punktes gebunden ist. „Man schließt daraus," sagt uns Emile Borel, einer der scharfsinnigsten Ausleger des Einsteinschen Gedankens, „dass, wenn diese mittlere Dichte eine bestimmte, noch so kleine Zahl übersteigt, das Weltall notwendigerweise endlich und infolgedessen auch die Gesamtmenge der Materie selbst endlich ist."
Es ist ferner zu bemerken, dass in einem unendlichen Weltall die Zahl der Gestirne ebenfalls unendlich wäre; dass infolgedessen die in zahllosen Milchstraßen verstreuten, in unendlicher Folge übereinandergeschichteten Sterne den Himmel so ausfüllen würden, dass sie nur eine ungeheure lückenlose Lichtwölbung über den schwarzen Abgründen der Leere oder des Äthers bildeten. Aber gewahren wir die Sterne über eine bestimmte Anzahl von Lichtjahren hinaus? Nichts beweist es. Ist es nicht wahrscheinlich, dass der Kraft unseres Auges und unserer Fernrohre eine Grenze gesetzt ist, oder dass das Licht schließlich von dem Raum zwischen den Sternen aufgesogen wird?
Wie dem auch sei, wenn das Weltall eine endlich begrenzte Kugel ist, worin schwimmt diese Kugel, und was gibt es außerhalb ihrer Grenzen? Diesem Einwurf setzt Emile Borel entgegen, dass diese Kugel eine endliche Fläche, jedoch ohne Ränder sei. „Ebenso," sagt er, „würden auf der Erde wohnende Menschen, die weder geometrische noch astronomische Kenntnisse hätten, durch fortgesetzte und geduldige Erforschung des Erdballs dahin gelangen zu wissen, dass er endlich ist und keine Ränder hat." Ist das nicht ein Spiel mit Worten? Was ist denn ein Rand? Nach der Definition Littres, des Sprachgebrauchs und des gesunden Menschenverstandes ist Rand das Ende irgendeiner Fläche. Wenn das endliche Weltall keine Ränder hat, also kein Ende, heißt das nicht anerkennen, dass es unendlich ist?
Mag auch die Hypothese eines endlichen Weltalls für die Mathematiker bequemer sein – ebenso wie Henri Poincare sagte, es sei bequemer, anzunehmen, die Erde drehe sich um die Sonne –, so ist sie jedenfalls viel weniger verständlich als die Hypothese eines unendlichen Universums.

IV.

Aber die Unendlichkeit der Mathematiker darf nicht mit unserer laienhaften Unendlichkeit verwechselt werden. Über die Mathematische Unendlichkeit hat Louis Couturat, eine zu früh erloschene Leuchte der Zahlenlehre, ein umfangreiches und sehr beachtenswertes Buch von nahezu 700 Seiten geschrieben. Man sieht, die Frage ist übermäßig verwickelt. Namentlich die

Zwiegespräche des „Finitisten" und des „Infinitisten" erinnern an die haarspalterischsten Streitereien der Scholastiker. Wir werden nicht in dieses Gestrüpp numerischer, geometrischer, analytischer, potentieller, aktueller, abstrakter und konkreter Unendlichkeiten eindringen. Es wird genügen, die sehr richtige Unterscheidung zwischen Unbegrenztheit und Unendlichkeit festzuhalten. Jede Unendlichkeit, die unsere Vorstellungskraft zu erfassen sich bemüht, ist stets nur Unbegrenztheit. Es ist nichts als eine veränderliche Unendlichkeit, die alle ihr gesetzten Grenzen übersteigt. Unsere Vorstellungskraft nimmt nie etwas anderes wahr als eine endliche Ausdehnung, der sie eine andere endliche Ausdehnung hinzufügt, und so fort, bis zur Erschöpfung. Sie reicht an das unendlich Große und das unendlich Kleine nur heran, solange sie endlich bleiben; aber sie erreicht weder das Unendliche – die Grenze des unendlich Großen – noch die Null – die Grenze des unendlich Kleinen. Diese beiden äußersten Punkte der Größe sind reine Begriffe, der Vernunft allein zugänglich. Ihr Unendliches, aus Stücken und Bruchteilen zusammengesetzt, ist, wie Couturat sagt, „nur das bewegliche und flüchtige Trugbild, die Parodie des Unendlichen."

Das mathematische Unendliche schaltet das Vorstellungsvermögen aus und wendet sich zunächst an die Vernunft. Um das Unendliche zu greifen und zu fassen, braucht die Vernunft nicht das Gebiet des Endlichen zu durchlaufen und die unbegrenzte Reihe von Größen zu erschöpfen. Es genügt ihr zum Beispiel, festzustellen, dass eine endliche grade Linie nach bei den Richtungen verlängert, dass jede gegebene Zahl um eine Einheit vermehrt werden kann, und sie erkennt, dass dies stets möglich ist, wie groß auch immer die Zahl, und wie lang auch die Linie sein mag.

Couturat, der ein Dogmatiker ist, behauptet, dass diese Unendlichkeit etwas ganz anderes sei als die Unendlichkeit der Phantasie, und dass hier allein der Verstand tätig ist. Es ist sicherlich einfacher, gewissermaßen in Bahnen gelenkt; aber sonst sehe ich keinen großen Unterschied. Es ist immer noch Endliches, unbeschränkt zu Endlichem gefügt.

Ich würde eher annehmen, dass die mathematische Unendlichkeit eine Art ursprünglicher Unendlichkeit ist, eine Unendlichkeit, die sich jenseits von Phantasie und Verstand bildet, die aus der Kraft der Tatsachen oder vielmehr der unendlichen Zahlen und der ultralogischen Projektion der höheren Geometrie entsteht. Auf diese Weise würde, wie Jouffret sich ausdrückt, „ein geometrisches Wesen entstehen, das seine eigene Individualität hat, über dem Endlichen und der Unbegrenztheit steht und außer uns existiert, mit demselben Recht wie die Endlichkeit, während die

Unbegrenztheit einfach an unsere Denkkraft gebunden ist und nichts wäre, gäbe es keine denkenden Wesen." Mit anderen Worten, es wäre nicht mehr der subjektive Raum Kants, sondern, in der Unbegrenztheit, das Äquivalent des objektiven Endlichen, das uns umgibt.

Auf diese Weise würde ein wunderliches Wesen entstehen, das bald seinen Vater überflügelte und ihn weiter führte, als jener zu gehen vermeint hatte. Es würde sich also um einen unpersönlichen Raum handeln, der sich außerhalb unserer Vorstellungskraft ausbreitete, sei es im unendlich Großen, sei es im unendlich Kleinen, und der nichts mehr mit dieser Vorstellungskraft gemein hätte.

Es würde nicht einmal mehr die Rede sein von einem Raum, wie ihn ein hunderttausendmal klügeres Wesen als wir erkennen könnte, weil der von einer so wunderbar vervielfältigten Intelligenz erkannte Raum immer noch nicht der Raum an sich wäre. Wir brauchen einen Raum, den wir außerhalb unseres Gedankens zu erkennen uns bemühen müssten; und das wäre uns natürlich unmöglich, wenn nicht die geheimnisvolle Kraft der neuen Mathematik uns zu Hilfe zu eilen schiene, indem sie uns die Vorstellung eines außermenschlichen und auf den ersten Blick weniger wirklichen Raumes als des ererbten aufzwingt, in dem aber nichtsdestoweniger ebenso großartige, ebenso erstaunliche, ebenso unwiderlegbare Dinge vorgehen wie die, die sich in unserem gewohnten Raum ereignen, den wir allein für möglich und wirklich halten.

V.

Dass es nicht leicht ist, zu wissen oder zu bestimmen, was der Hyperraum ist, kann nicht wundernehmen. Es ist schon sehr schwierig, um nicht zu sagen unmöglich, den dreidimensionalen Raum zu definieren. Nach vielem Umhertasten ist man noch nicht dazu gelangt, sich von der Kantschen Formel zu befreien, nach welcher der Raum eine subjektive Anschauungsform, eine für jede Erfahrung notwendige Voraussetzung ist; trotz der Einwendungen einer weniger transzendentalen, mehr psychologischen Philosophie, die uns sehr richtig darauf hinweist, dass diese räumliche Vorstellung von unseren Sinneswahrnehmungen abhängt, und dass zum Beispiel die Anschauung eines Blindgeborenen nur wenig Gemeinsames mit derjenigen eines normalen Menschen hat.

Hin und her schwankend zwischen den „Aprioristen", die annehmen, dass die Vorstellung des Raumes uns angeboren ist, und den „Empiristen", die glauben, dass diese Vorstellung nur durch die Erfahrung gewonnen wird, wird uns nicht viel damit geholfen, wenn man, wie Leibniz, hinzufügt, dass der Raum eine Kategorie des gleichzeitlichen Bestehens, und die Zeit eine Kategorie der Aufeinanderfolge ist, noch indem man uns versichert, dass es der Raum ist, durch den wir dazu gelangen, uns die Zeit vorzustellen, oder dass der Raum der zu jeder Vorstellung notwendige Schauplatz ist. Eines steht fest, wie ich bereits in *L'Hote Inconnu* sagte, nämlich, dass alle Bemühungen der kantischen und neukantischen Aprioristen, der reinen Empiristen und der idealistischen Empiristen in dasselbe Dunkel münden, und dass alle Philosophen, die sich mit Raum und Zeit beschäftigt haben, unter ihnen die größten Vertreter des gestrigen und heutigen Denkens, Spencer, Helmholtz, Renouvier, James Sully, Stumpf, William James, Ward, Stuart Mill, Ribot, Fouille, Guyau, Bain, Lechalas, Balmes, Dunan, Bergson und viele andere, nicht Herr werden konnten über das zwiefache und ungeheure Rätsel, dass ihre widersprechendsten Theorien in gleicher Weise verfochten werden können, und dass sie vergeblich im Finstern gegen Gespenster kämpfen, die nicht von dieser Welt sind.

VI.

Bei dem Hyperraum kann nicht von Wahrnehmungen unserer Sinne die Rede sein. Ist er eine andere, umfassendere oder trügerischere subjektive Anschauung? Sollte es Etappen, Abschnitte in der Unendlichkeit und der Illusion geben? Das ist stark zu bezweifeln, denn man kann sich nicht recht eine subjektive Anschauung denken, die sich über eine schon die ganze Unendlichkeit ausfüllende erste subjektive Anschauung schiebt.
Aber kann man sagen, dass er nur ein Trugbild ist, da die höhere Mathematik und die höhere Geometrie, als schöpften sie aus einer übermenschlichen Nachrichtenquelle, ihn am Horizont unseres Geistes auftauchen lassen und uns seine Notwendigkeit aufzwingen?
Und können andererseits die Mathematik und die Metageometrie etwas finden, das nicht in uns wäre? Hier liegt das Haupträtsel. „In den Fragen der Dimensionen", sagt ein Mathematiker, „scheint die Mathematik weiter zu sehen als wir, über gewisse Grenzen hinaus, die uns, nicht aber sie aufhalten, als wollte sie uns zu verstehen geben, dass unseren Begriffen von den Dimensionen keine Wirklichkeit entspricht."
G. von Pawlowski, Schriftsteller und Gelehrter zugleich, welcher der vierten Dimension eine sehr merkwürdige Abhandlung gewidmet hat, auf

die wir noch zurückkommen werden, teilt diese Ansicht nicht. „In der hundertjährigen Arbeit des Denkens", so sagt er, „spielt die Mathematik dieselbe Rolle wie das Kapital in der Geschichte der Gesellschaften: Sie ist kristallisierte Gedankenarbeit, sie stellt das Erworbene dar, auf das wir stolz sind, die wohlverdiente Sicherheit, sie kann sogar als Grundlage und Ausgangspunkt neuer Unternehmungen gelten, aber niemals nimmt sie an diesen Unternehmungen selber teil." Ist das richtig?

„Das Rechnen", fügt er hinzu, „ist ein Schlüssel, der uns erlaubt, dieselbe Tür immer wieder zu öffnen, aber der Schlüssel sagt uns nicht, was hinter dieser Tür ist. Die Mathematik ist nur zu häufig das zum Bau des Gebäudes notwendige Gerüst."

Aber wird nicht jeder Bau mit einem Gerüst begonnen? Mag dem sein, wie ihm wolle, alles, was Pawlowski sagt, ist vollkommen richtig, solange es sich um Zahlen handelt, die, so groß man sie auch annimmt, in Wahrheit endlich sind. Sobald es sich aber um unendliche oder überendliche Zahlen handelt, gewinnt das Problem ein völlig verändertes Aussehen; und dieses Aussehen interessiert uns ebenso wie das erste, denn mögen wir auch das Gegenteil glauben oder sagen, wir sind doch vor allem unendliche Wesen, und von allen Seiten rühren wir mit unserem Körper wie mit unserer Seele an das, was nie begonnen hat, an das, was nie enden wird.

Noch ein anderer großer Algebraiker hat gesagt: „Die Mathematik erschafft nichts und begnügt sich damit, von außen herantretende Elemente umzuformen."

Um welche Elemente, um welches Außen handelt es sich? In diesem kleinen Satz verbirgt sich vielleicht der wichtigste Punkt des Geheimnisses; denn der Mensch muss vor allem, und sei es auch nur für einen Augenblick, das türen- und fensterlose Gefängnis verlassen, in das er von seiner Geburt an durch sein Gehirn eingeschlossen ist. Es gilt, um jeden Preis eine Hilfe oder einen einfachen Lichtschimmer zu finden, gleichviel woher er komme und was er bringe, er darf nur nicht, wie immer, ausschließlich menschlich sein. Dieser kleine Satz weist auf einen anderen Weg, den wir einschlagen müssen in Erwartung der Wege, die wir noch nicht voraussehen können.

VII.

Nach P. D. Uspenski, den man, in gehörigem Abstand, eine Art slawischen Pascal nennen könnte, und dem wir wieder begegnen werden, gibt es in Wahrheit zwei Arten von Mathematik: Die eine ist die der endlichen und konstanten Zahlen, die nur den Erscheinungen eines begrenzten und künstlichen Universums Rechnung trägt, das heißt eines Universums, das nur das Bild unserer beschränkten und ungenauen Vorstellung der wirklichen Welt darstellt; die andere ist die der unendlichen und variablen Größen, die uns in eine Welt einführt, die nicht mehr unsere eigene Schöpfung ist, in eine Welt, die nicht mehr von uns abhängt, wo eine Größe sich selbst nicht gleich zu sein braucht, wo ein Teil dem Ganzen gleich sein kann, wo von zwei gleichen Größen die erste unendlich größer sein kann als die zweite, und wo wir anderen Absonderlichkeiten begegnen, die vom Standpunkt der ersten Mathematik aus vollkommen widersinnig erscheinen. Aber jene erste Mathematik, die künstliche, bedingte, in der Natur nicht vorhandene Größenbeziehungen berechnet, ist nicht weniger widersinnig als die andere, „weil es in der Natur", fügt Uspenski hinzu, „keine endlichen und konstanten Größen gibt, ebenso wenig wie Begriffe. Die konstanten Größen und die Begriffe sind bedingte Abstraktionen und keine Realitäten, sondern, wenn man so sagen kann, Ausschnitte der Wirklichkeit."

„Die Wissenschaft kann nicht leugnen," heißt es weiter, „dass die Mathematik sich den Grenzen der sichtbaren und messbaren Welt entzieht. Ganze Provinzen der Mathematik berücksichtigen quantitative Verhältnisse, die es in der realen Welt des Positivismus nicht gibt, das heißt Verhältnisse, die keiner Realität der sichtbaren, der dreidimensionalen Welt entsprechen."

Aber es kann keine mathematischen Verhältnisse geben, denen nicht ein Verhältnis zur Wirklichkeit entspräche. Daher überschreitet die Mathematik die Grenzen unserer Welt und dringt in ein unbekanntes Weltall vor. Sie ist das Fernrohr, mittels dessen wir beginnen, den mehrdimensionalen Raum und seine Welten zu erforschen. Sie geht unserem Denken, unserer Vorstellungs- und Wahrnehmungskraft voraus. Gerade jetzt berechnet sie Verhältnisse, die wir weder uns vorzustellen noch zu verstehen vermögen.

Wenn die Mathematik wirklich unserem Verstand vorangeht, ist sie dann eine Kraft, die sich außer uns befindet, eine Art diffusen Geistes, einem Wesen entstammend, das nicht mehr menschlich wäre? Das ist kaum wahrscheinlich, denn sie scheint recht eigentlich uns zugehörig zu sein, und in ihren unteren und mittleren Gebieten, den einzigen, die wir von der richtigen Höhe aus beurteilen können, bleibt sie die Gefangene aller Vorurteile unserer Logik. Sie entweicht diesem Gefängnis nur, wenn sie in unseren Augen widersinnig wird, vielleicht, weil sie dann einer

Wirklichkeit näher rückt, von der wir bisher nichts als ein dunkles Vorgefühl haben.

Am Ende eines schönen Buches über die Relativität, die im Grunde nichts ist als eine der Erscheinungsformen der vierten Dimension, hat der englische Astronom A. Eddington uns gelegentlich der geheimnisvollen Berechnungen, die uns über uns hinausführen, folgendes Geständnis gemacht: „Wir fanden", sagt er, „am Ufergestade des Unbekannten den Abdruck eines seltsamen Fußes. Um uns über seinen Ursprung klar zu werden, haben wir gelehrte Theorien aufgestellt. Endlich ist es uns geglückt, das Wesen zu rekonstruieren, das den Abdruck hinterlassen hat; und siehe, es war der Abdruck unseres eigenen Fußes!"

VIII.

Sollte die Mathematik nichts anderes sein als ein von unserem Hirn geschmiedetes Werkzeug, wobei dieses Hirn, getrieben von einer nicht ganz in ihm selbst wohnenden Intelligenz, nicht genau wusste, was es unternahm? Ein verzaubertes Werkzeug, das, wie im Märchen, die Hand fortreißt, die sich einbildet, es zu führen, und sie Wunderdinge vollbringen lässt? Es kommt häufig vor, selbst in unserer Welt, in der, wie wir annehmen, alle Feen ausgestorben sind, dass manche Maschine viel vollendeter und klüger zu sein scheint als der Ingenieur, der sie erfunden hat, und dass sie Arbeiten verrichtet, die er nicht einmal anzudeuten imstande wäre. Oder ist die Mathematik vielleicht, wenn man das vorzieht, das Uspenskische Fernrohr, das uns Welten enthüllt, deren Vorhandensein wir nicht einmal ahnten, das aber nichts von selber sieht und nichts wäre als eine Röhre aus Kupfer, Stahl oder Aluminium, wenn unser Auge, vom Gehirn geleitet, es nicht belebte? Entdeckt das Fernrohr einen neuen Stern, so denkt niemand daran, ihm die Ehre dafür zu geben noch zu behaupten, dass es intelligenter sei als der Astronom, der es durch die Himmelsgefilde führt. Ebenso selbstverständlich ist alles, worauf die Mathematik uns einen Ausblick eröffnet, in uns selbst enthalten. Sie drückt einfach aus, was wir noch nicht sagen können, was zu denken uns noch nicht gelingt. Wenn wir glauben, sie führe uns über uns hinaus, so bestätigt sie nur, dass wir uns oft ohne unser Wissen selber übertreffen; und führt sie uns in einen höheren, in einen mehr als dreidimensionalen Raum, so bestätigt sie uns nur eben, dass dieser Raum wirklich in uns, für uns besteht, und dass er von Beginn der Welt an auf uns wartet.

Sie wäre also eines der merkwürdigsten Forschungsinstrumente, ein unvorhergesehener Dolmetscher des latenten Menschen oder des Unbewussten. Vielleicht hat deshalb ein hervorragender Mathematiker, Bertrand Russell, in einem berühmten Aphorismus gesagt, die Mathematik sei eine Wissenschaft, bei der man nie wisse, wovon man spricht, und ob das, was man sagt, wahr ist. Es gibt also eine ganze Geometrie der vierten Dimension, mit ebenso logischen, ebenso streng entwickelten, ebenso gut zusammengefügten Lehrsätzen wie die der euklidischen Geometrie, die man sich aber nicht vorstellen kann, „weil", wie M. E. Jouffret in seinem Grundriss der vierdimensionalen Geometrie sagt, „es vollkommen unmöglich ist, von der Projektion eines vierdimensionalen Körpers auf diesen Körper selber zurückzugehen, und dessen Formen in irgendeiner Weise sich vorzustellen. Unser Geist ist nicht imstande, diese Wesen in bestimmten Formen und Stellungen zu sehen. Keines der materiellen Bilder, die uns umgeben, bietet uns einen Anhaltspunkt oder ein Vergleichselement."

Diese Geometrie wickelt sich in Räumen ab, die uns noch unbekannt sind, in Räumen außerhalb unseres Raumes, und wahrscheinlich, wie wir später sehen werden, in einem Zeitteil, der noch keine Gestalt angenommen hat. Es ist eine Art Geometrie, zurückgeworfen durch einen innerlichen Spiegel von unberechenbarer Tiefe, ein fast unerreichbares Gebiet, das man „das Zauberreich der Mathematik" genannt hat, und das man ebenso gut die mystische Geometrie oder die Mystik der Geometrie nennen könnte.

IX.

Ich werde mich nicht länger bei dem Verfahren der Hypergeometrie aufhalten, das naturgemäß trocken und schwer verständlich ist; denn wie jede Wissenschaft hat sie ihre eigene Terminologie, deren Ausdrücke man Schritt für Schritt denen erklären müsste, die nicht mit ihr vertraut sind. Trotzdem war es notwendig, einige Worte darüber zu sagen, da sie die wissenschaftliche und verhältnismäßig feste Grundlage aller Theorien ist, die wir untersuchen wollen. Für unseren Zweck genügt es zu wissen, dass die Einführung einer ergänzenden oder vielmehr neuen Dimension in den Raum oder in einen außerhalb unseres Raumes liegenden Raum die Notwendigkeit der Annahme einer unendlichen Zahl verschiedener Räume nach sich zieht, die in einem vierdimensionalen Raum enthalten sind, zugleich aber die Unmöglichkeit ihrer genauen, wirklichen und sinnlich wahrnehmbaren Vorstellung. Wir haben bereits auf diese Räume und diese Mysterien hingewiesen, die übrigens einstweilen undurchdringlich sind.

Man glaube nicht, dass hierbei nur imaginäre Probleme in Frage kämen. Die höhere Mathematik und die Hypergeometrie haben, namentlich in der Astronomie, bereits fühlbare und unwiderlegliche Resultate ergeben. Es steht fest, dass wir mit unseren Verstandeskräften allein nicht aus der dreidimensionalen Welt heraus können; aber Anfänge von Beweisen für die Wirklichkeit der vierten Dimension sind erbracht, selbst auf physikalischem Gebiet, vor allem in den elektromagnetischen Erscheinungen; und es darf behauptet werden, dass vom mathematischen und geometrischen Standpunkt aus alle Annahmen über die Ausdehnung, selbst mit einer beliebigen Zahl von Dimensionen, sich auf absolut logische Art ableiten und rechtfertigen lassen können. Es ist uns endgültig zur Gewissheit geworden, dass bestimmte Probleme, namentlich auf dem Gebiet des unendlich Kleinen, die in der dritten Dimension keine annehmbare Lösung boten, sich jenseits der für unseren Geist bewohnbaren Zone verfolgen lassen können und müssen. Denn die Welt beschränkt sich nicht auf das, was wir sehen, noch auf das, was wir mit unserem bloßen Verstand begreifen, wenn ihm nicht die Mathematik oder die Geometrie zu Hilfe kommen, mögen diese sich auf eine außermenschliche geistige Kraft stützen oder, was viel wahrscheinlicher ist, nur eine vorgreifende Offenbarung unserer Verstandeskraft sein, die noch nicht ihrer selbst bewusst geworden ist.

Um mit diesem Punkt, den einige noch für streitig halten, zu Ende zu kommen, wollen wir Henri Poincare hören, der nicht der Mann ist, Hirngespinsten nachzuhängen. „Die Geometrie mit n Dimensionen", sagt er uns wörtlich in seiner Analysis Situs, „hat ein wirkliches Ziel, das stellt heute niemand in Zweifel. Die Gebilde des Hyperraums lassen sich ebenso wie die des gewöhnlichen Raums genau bestimmen, und vermögen wir sie uns auch nicht vorzustellen, so können wir sie doch verstehen und erforschen. Wenn also zum Beispiel die mehr als dreidimensionale Mechanik als gegenstandslos verdammt werden muss, so gilt das nicht für die Hypergeometrie."

X.

Die Mathematiker der vierten Dimension führen also ihre Berechnungen, als gäbe es wirklich diesen jenseits unseres Raumes befindlichen Raum, in dem sie sich ihre vierte Senkrechte denken, die man in unserem dreidimensionalen Raum nicht ziehen kann, und zuweilen (aber dieses Zusammentreffen ist natürlicherweise selten), wie in dem berühmten Fall Einstein und den hundertjährigen Veränderungen der Sonnennähe des Planeten Merkur, werden diese Berechnungen durch nachprüfbare Tatsachen bestätigt.

Um nichts zu verschweigen: Vereinzelte Mathematiker bekämpfen diese Geometrie energisch und erklären sie für völlig fiktiv. Einer der eifrigsten Verteidiger der euklidischen Geometrie, Hauptmann Stefan Christesco, Ingenieur an der Ecole du Genie maritime in Paris, greift vor allem die Theorien Lorentz-Einstein-Minkowski an und erklärt ohne Umschweife, „das wesentlichste Merkmal des Begriffs der vierten Dimension sei, zunächst die euklidische Geometrie, auf der er fußt, haltlos, also trügerisch zu machen, und dann ein Gerüst von mathematischen Theorien zu errichten, die in das Gebiet des Imaginären und Widersinnigen gehören."

Diese Behauptungen stützt er mit bissigen, doch nicht unbeachtlichen Argumenten. Er behauptet namentlich bezüglich der berühmten Verschiebung der Sonnennähe des Merkur, jenes Triumphs der Einsteinschen Relativitätstheorie, dass die Formel von der Abweichung des Lichtes übereinstimmt mit derjenigen, die ohne Zuhilfenahme der vierten Dimension, von der damals noch nicht die Rede war, ein wenig bekannter deutscher Astronom namens Soldner im Jahre 1801 bereits gefunden hatte, wie man in dem Bulletin de la Societe astronomique de France in der Oktobernummer von 1920 lesen kann.

Das ist richtig; aber ist es nicht bemerkenswert, dass Einstein mit Hilfe einer Geometrie, die für trügerisch imaginär und widersinnig erklärt wird, zu dem gleichen Ergebnis gelangt ist? Wendet das Argument sich nicht gegen den, der es vorbringt?

XI.

Da ich kein Mathematiker und kein Metageometer bin, werde ich mich nicht auf diese Gelehrtenstreitigkeiten einlassen. Diejenigen, die diese Fragen ergründen wollen, verweise ich auf die oben erwähnten Abhandlungen von Boucher und Jouffret. Sie werden namentlich in der Arbeit von Jouffret bibliographische Hinweise finden, die sie in die Lage versetzen werden, alles kennenzulernen, was darüber in Frankreich, der Schweiz, Belgien, Italien, Spanien, Deutschland, Norwegen, Österreich,

Holland und England geschrieben worden ist. Diese Bibliographie ist bereits umfangreich; und seit 1900 hat l'Europe mathematique eine Liste von 439 in den verschiedensten wissenschaftlichen Sammlungen verstreuten Aufsätzen herausgegeben.

Ich verlasse die eigentliche Hypergeometrie und verweile nicht länger bei diesen „Wesen des Hyperraums", wie Poincare sie nennt, bei diesen unbegreiflichen Gestalten, deren Vater das Hypervolumen ist, und die lauter Fabelnamen führen: Hypersphären, Hyperquadrike, Hyperquartike, Hyperkegel, Hyperpolyeder oder Polyedroiden, Oktaedroiden, Pentaedroiden, Hexakosiedroiden, Ikosatetraedroiden, Hekatonkosaedroiden, Namen, die dem Angsttraum eines Polytechnikers entsprungen scheinen oder der Familie des Vaters Ubu; sie beschwören unausdenkbare Ungeheuer herauf, eine ganze lineare, multitriangulare und polykubische Fauna; Insekten, Drachen, Polypen, Larven, Lemuren, Gespenster, die sich die unglückseligen Geometer vergeblich vorzustellen suchen, wenn sie sie durch einen Raum verfolgen, dessen Dasein sie früher nicht einmal ahnten, in einer geometrischen Unendlichkeit, wo sie, als ultrageistige Wesenheiten herumschwirrend, uns von allen Seiten umgeben und einen Einfluss auf uns haben müssen, der eines Tages genau bestimmt werden wird; denn es ist anzunehmen, dass sie teilhaben an den Grundgesetzen unseres Lebens.

XII.

Nachdem dieser mehr oder weniger wissenschaftliche Teil kurz abgetan ist, will ich mich damit begnügen, in aller Bescheidenheit den Denkern nachzugehen, die sich am eifrigsten bemüht haben, das Geheimnis aufzuklären. Obgleich die meisten von ihnen in gleichem Maße Mathematiker und Hypergeometer sind wie die Spezialisten, die wir soeben verlassen haben, so sind doch ihre Beweisführungen nicht mit endlosen und kabbalistischen Gleichungen oder mit gespenstischen Figuren und Aufrissen gespickt. Wie in orientalischen Ländern die Frauen, sind hier die zu geheimnisvollen Formeln in eine Art Frauengemach verbannt worden. Man fühlt wohl, dass sie hinter den Vorhängen stehen, dass sie den Saal für die Gäste bereitet haben, dass sie zuhören und billigen, was man sagt; doch sieht man sie nicht mehr und kann einfach und frei eine jedermann verständliche Sprache führen.

Unter denen, die wir anhören werden, sei an erster Stelle Howard Hinton erwähnt, der Verfasser von *The Fourth Dimension, A New Era of Thought,*

An Episode of Flatland und Scientific Romances. Von ihm wird häufig die Rede sein. Alle, die über die vierte Dimension geschrieben haben, sind ihm verpflichtet, selbst die Spezialisten der Hypergeometrie. Es seien ferner genannt J. W. Dunnes und sein *An Experiment with Time*, G. von Pawlowski und seine merkwürdige *Voyage au Pays de la Quatrieme Dimension*, ein wertvolles, obgleich etwas abschweifendes Buch, das jedenfalls nicht den Anklang gefunden hat, den es verdiente, Alfred Taylor Schofield und sein *Another World or the Fourth Dimension*. Und schließlich der zeitlich letzte und vielleicht interessanteste Erforscher des Hyperraums, der die Arbeiten seiner Vorgänger zu nutzen verstanden hat, P. D. Uspenski und sein *Tertium organum*, von Nicholas Bessaroff und Claude Bragdon aus dem Russischen ins Englische übertragen.

P. D. Uspenski will das Organon des Aristoteles und das Novum organum Bacons ergänzen; deshalb gibt er seinem Buch den Titel *Tertium organum*. „Das Aristotelische Organon formuliert die Gesetze, nach denen das Subjekt denkt; das Novum organum die Gesetze, nach denen das Objekt erkannt werden kann aber das dritte Gesetz des Denkens bestand, vor den beiden anderen, und die Unkenntnis seiner Gebote rechtfertigt nicht deren Verletzung. Das Tertium organum wird von nun an den menschlichen Gedanken führen und beherrschen."

Das ist eine ziemlich kühne, und vor allem unbestimmte Behauptung. Es sei gleich gesagt, dass dieses zu ehrgeizige Programm nicht verwirklicht worden ist. Man ändert nicht auf diese Weise von einem Tag zum anderen die Regeln des Denkens. Der Verfasser ändert sogar gar nichts daran, sondern lässt nur durchblicken, dass diese Regeln relativ, wechselnd und außerordentlich begrenzt sind, und dass es sehr notwendig wäre, etwas an ihnen zu ändern. Er lässt ein mehr oder weniger neues Element hinein spielen, eine Art wissenschaftlicher Mystik, die über bedenkliche Umwege sich oft mit der religiösen und besonders mit der orientalischen Mystik vereint. Ihre Schlussfolgerungen sind ganz genau so enttäuschend, ungewiss und unbeweisbar.

XIII.

Kennzeichnend für alle Schriftsteller, die sich an das schwer zu fassende Problem der vierten Dimension wagen, ist, dass sie sich merkwürdigerweise nicht lange dabei aufhalten. Mit wenigen Seiten schaffen sie es sich vom Halse und sprechen dann von gänzlich anderen

Dingen. Dunnes zum Beispiel verbreitet sich über die Träume und ihre Vorbedeutungen, Pawlowski baut gelehrte und phantastische Utopien auf. Er scheint darin die Theorien Hintons in die Tat umzusetzen oder gewisse Bemerkungen des Geometers Boucher, der uns sagt, dass wer die vierte Dimension ausnutzen könnte, materiell das ganze Innere der Körper sehen würde, ohne von den Oberflächen gehindert zu werden, ja ohne sie in Betracht zu ziehen; und dass die kleinsten inneren wie äußeren Teilchen aller Gegenstände ihm auf demselben Niveau erscheinen würden, als Nebeneinander im Raum und nicht als übereinander. Er könnte einen geschlossenen Raum nach jeder Seite hin verlassen, ohne dessen Wände zu durchschreiten, denn vom Standpunkt der vierten Dimension aus befinden sich die Körper des Raumes der Ausdehnung nach gewissermaßen an der Oberfläche.

Daher stammt bei Pawlowski dieses merkwürdige flache Häuschen, so flach, dass man es im Profil nicht sieht, mit zwei Ausgängen, von denen der eine auf die Place de la Concorde, der andere auf die Terrasse von Saint-Germain-en-Laye geht, denn in der vierten Dimension ist die Materie durchlässig, umkehrbar und dem Geiste untertan, ferner die horizontale Treppe, die nach einer unleugbaren Folge von Stufen zu dem Stockwerk zurückführt, von dem man ausgegangen ist, endlich die immer wieder vorhandene Postkutsche, der allgegenwärtige Autobus, der an jedem Punkt des Weges in jedem Augenblick des Tages bestiegen werden kann, und andere köstliche Phantasien mehr, die auf den ersten Blick ganz verrückt erscheinen, aber in einer Welt, in der wir Sinn und Gebrauch der vierten Dimension erworben hätten, sehr natürlich wären, und die vielleicht in einer näheren oder ferneren Zukunft unsere Nachkommen nicht mehr in Erstaunen setzen werden.

Man könnte diese Antizipationen ohne erhebliche Mühe fortsetzen und ergänzen; zum Beispiel annehmen, dass, wenn das Wesen der vierten Dimension den Wunsch nach einer Wohnung empfinden sollte – was übrigens wenig wahrscheinlich ist –, sein Haus keinerlei Ähnlichkeit haben würde mit den Häusern, mit denen wir uns begnügen, wie es auch uns unmöglich wäre, uns mit der Wohnung der flachen Wesen zufrieden zu geben, einer Wohnung, die weder Höhe, noch Dach, noch Einfriedung hätte, sondern nur eine Fläche wäre, die seine Bewohner nicht einmal wahrnehmen würden. Ebenso könnte der Bürger des Hyperraums sich nicht den Würfeln anpassen, in denen wir zu Hause zu sein glauben, in die jedoch Wesen seiner Ordnung eindringen würden wie Wasser in einen

Schwamm. Er brauchte zum mindesten das, was Hinton einen „Tessaract" nennt, das heißt ein Hypervolumen von einer Form, die wir uns nicht einmal vorzustellen vermögen, einer Form, entsprungen aus der Bewegung des Würfels in einer in ihm nicht enthaltenen und in einem dreidimensionalen Körper überhaupt unmöglichen Richtung, einer Richtung nämlich, die bis auf weiteres, wie wir später sehen werden, die Zeit zu sein scheint. Wer wird uns die Architektur der Stadt zeichnen, deren Häuser nach diesen Prinzipien errichtet sein werden? Wer wird uns sagen, auf welche Weise die Bewohner dieser Städte durcheinander hindurchgehen, und wie sie es anstellen werden, den Blicken zu entziehen, was im Leben verborgen bleiben soll? Wer wird uns die Gesetze ihres molekularen oder atomischen Daseins sagen, die unsere höhere Mathematik ahnt, und die keinerlei Zusammenhang mehr mit den Gesetzen unserer Welt haben werden? Wer endlich wird uns lehren, wovon diese Wesen des Hyperraums unter sich reden, die vielleicht durch uns hindurchgehen wie das Licht durch Kristall und uns Glück oder Unglück, Gesundheit oder Tod bringen, ohne es zu ahnen oder ihm die geringste Bedeutung beizumessen. All dem könnte man sehr viele andere Einfälle hinzufügen, die der Leser aus der Tiefe seiner Betrachtungen schöpfen und weit besser entwickeln kann, als es mir möglich wäre.

XIV.

Alfred Taylor Schofield, mehr oder weniger ein Schüler Hintons, gibt seinerseits eine scharfsinnige Darstellung des dreidimensionalen Lebens, die man, mit einiger Nachhilfe, folgendermaßen zusammenfassen kann: Er geht aus vom Wesen „Punkt", das keine Dimensionen hat und um so anmaßender ist, als es nichts sieht, nicht einmal sich selber. Um dieses Wesen herum ist das Nichts, und es ist überzeugt, dass dieses Nichts das Weltall ist. Dann kommt das lineare Wesen, das mit seinesgleichen lebt, im Gänsemarsch, auf ein und derselben Linie. Es sieht immer nur das Ende der ihm vorangehenden Linie, also einen Punkt. Dann erscheint das Wesen Fläche oder das zweidimensionale Wesen, das nur Linien sieht, schließlich das Wesen Volumen oder wir selbst, die wir nur die Flächen sehen, und endlich gelangt er zu dem Wesen Hypervolumen, dem vierdimensionalen Wesen, welches das Volumen nicht als Idee, sondern ohne Weiteres und vollkommen sehen würde, mit allem, was es enthält. Aber sehr schnell, im Augenblick, wo wir anfangen, uns für das Schicksal dieser absonderlichen

Persönlichkeiten zu interessieren, die uns gleichen wie Brüder, gibt er sie auf, um in eine Bibelpredigt zu verfallen, in der er voll Feuer und Kraft versichert, dass alle Offenbarungen und Erscheinungen des Alten und Neuen Testamentes von vierdimensionalen Wesen herrühren, was im Übrigen möglich ist und der Hypothese Hintons entspricht, nach welcher Geburt, Entwicklung, Leben und Tod der Lebewesen nichts wären als Durchgangsphasen vierdimensionaler Körper durch unseren Raum; eine Hypothese, die obendrein, so scheint es, durch die Theorien und Berechnungen von Professor Karl Pearsons in seinem *Ether Squirts* bekräftigt wird.

XV.

Uspenski selber hält sich nicht lange bei dem Kernpunkt der Frage auf und verliert sich nach etwa hundert Seiten, in denen er ihm nahe auf den Leib rückt, in großartigen und oft bemerkenswerten, manchmal aber sehr anfechtbaren Theorien, die zu der Hauptfrage nur immer lockerer werdende Beziehungen haben.
Howard Hinton allein hält sich hartnäckig und beinahe ausschließlich an die Lösung des Problems. Der gelehrte englische Mathematiker kann als der Hohepriester, einige werden vielleicht sagen als der Monomane des Raums angesehen werden. Für ihn bedeutet der Raum alles. Er hält ihn für das einzige ernsthafte Werkzeug unseres Denkens und erklärt, dass wir die Dinge nur zu fassen vermögen, solange wir sie im Raum berücksichtigen. Er ist ein lückenhaftes, aber unbestreitbares Genie, und keiner hat mehr Feuer und Wissen daran gewandt, wenn nicht die Gewissheit, so doch wenigstens die Wahrscheinlichkeit der vierten Dimension zu beweisen.
Dennoch ist es ihm trotz seiner Hartnäckigkeit nicht immer gelungen, den Gegenstand, den er behandelt, und der so schwer greifbar ist, bis zum Ende seiner Abhandlung im Auge zu behalten. So versucht er in einer Art geometrischen Romans mit dem Titel: *An Episode of Flatland*, in dem oft seltsame und tiefe Lichter aufblitzen, der aber keinerlei Erfolg hatte und fast unbekannt geblieben ist, die Geschichte eines zweidimensionalen Volkes darzustellen, eines Volkes völlig flacher Dreiecke, die einen Planeten bewohnen, der nur eine in der Unendlichkeit umherirrende Scheibe ist. Die Psychologie dieser zweidimensionalen Wesen, die so klug, so zivilisiert sind, wie man es werden kann, wenn man die dritte Richtung im Raum nicht kennt, ist außerordentlich fesselnd und aufschlussreich; so

wissenschaftlich und gewissenhaft ist das Werk angelegt. Aber nach und nach vergisst der Verfasser, dass seine Helden nur Dreiecke sind, die keine andere Dichte haben als die sie umgrenzende Linie, und besinnt sich nicht, dass Astria, ihr Stern, nichts ist als eine ungeheure runde Scheibe. Da beginnt die Scheibe sich mit Wäldern zu bedecken, zu Seen sich auszuhöhlen, zu Gebirgen aufzuschwellen, die flachen Dreiecke gleichen mehr und mehr Menschen und stürzen sich wie Menschen in Abenteuer und allegorische, politische, religiöse und kosmische Grübeleien, die immer eigenartig und oft sehr fesselnd sind, die aber, ebenso wie diejenigen Uspenskis, jeden Zusammenhang mit dem Ziel verlieren, das der Verfasser im Auge hatte.

XVI.

Dasselbe gilt für seine *Scientific Romances*. Man wird mich entschuldigen, wenn ich bei dieser Gelegenheit ein wenig länger als genau genommen notwendig erscheint von Hinton und seinen Werken rede, auch wenn sie den Gegenstand, der uns beschäftigt, nur indirekt berühren. Hinton ist ja der eifrigste Verfechter der vierten Dimension; deshalb muss man wissen, dass man es nicht mit dem ersten besten, mehr oder weniger phantastischen Mathematiker zu tun hat, der an dem begeisternden Spiel mit kühnsten Hypothesen Gefallen findet. Man wird ganz im Gegenteil keinen Geist finden, der so ausgeglichen und erbarmungslos geometrisch wäre. Dazu ist er noch mit einer gewaltigen und sehr eigenartigen Phantasie begabt, die es ihm ermöglicht, die meisten seiner Abstraktionen anschaulich und lebendig zu machen; und daher kommt es, dass sich neben seinen technischen Arbeiten Werke finden, die manchmal mit denen von Edgar Poe, Villiers de l'Isle-Adam und Wells in eine Reihe zu stellen sind, die aber, ohne den Boden zu verlieren, eine ganz andere Richtung nehmen, oft weiter gehen und sich auf Gebiete vorwagen, die zu betreten diese Vorläufer der Zukunft sich nicht haben einfallen lassen. Leider hat er nicht, wie sie, die Gabe, eine Erzählung aufzubauen und durchzuführen. Er ist nicht ausschließlich Künstler; und bei ihm scheinen die literarischen, zuweilen sehr ins Auge fallenden Schönheiten ungewollt auf einem Boden oder Untergrund zu wuchern, der noch unbearbeitet ist. Er schließt nie so gut, wie er begonnen hat, und einige seiner Schriften enden als Fischschwanz. Das ist bedauerlich, denn manchen seiner mehr oder weniger symbolischen und stets wissenschaftlich gestützten Geschichten mangelt es nur an einer

Kleinigkeit, damit sie die Meisterwerke wären, die sie hätten sein können.
Nehmen wir zum Beispiel Stella, eine seiner besten Erfindungen. Stella ist ein entzückendes junges Mädchen, das ihr Adoptivvater, ein phantastischer alter Gelehrter, vollständig durchsichtig, infolgedessen unsichtbar gemacht hat, von dem unbestreitbaren Gesetz ausgehend, dass das Licht beim Übergang von einem Medium in ein anderes sich unter verschiedenen Winkeln bricht. Da wir aus einer Menge von Teilen und Substanzen zusammengesetzt sind, ist kein Brechungswinkel in unserem Körper dem anderen gleich; das ist es, was ihn undurchsichtig macht. Gelänge es, seinen Brechungskoeffizienten wieder auf die Einheit zurückzuführen, so wäre er ebenso durchsichtig wie die Luft. Dem alten Gelehrten gelingt es, diesen Koeffizienten in Stellas Körper zu erzielen, und sie wird durchsichtiger als eine kristallene Statue. Sonst ist an ihrem Leben, ihrem Geist, ihrem Charakter nichts geändert; sie bleibt, was sie vor dem Wunder war, doch kann man sie nur sehen, wenn sie bekleidet ist. Um dem Fehlen des Kopfes abzuhelfen, müsste sie sich schminken; doch das lehnt sie als nicht schicklich ab und begnügt sich damit, einen dichten Schleier zu tragen; und als sie heiratet, muss sie vor der Trauung die Hand in einen mehligen Teig tauchen, damit der Geistliche den Finger sehen kann, auf den er den Trauring stecken soll.
Sicherlich hätte man aus dieser Phantasterei ein sehr eigenartiges Zauberstück machen können. Hinton, der andere Sorgen hat, kümmert sich nicht darum und lässt sie nach einigen bald geopferten Szenen fallen, die übrigens in ihrer Knappheit bisweilen reizend sind. Ich erwähne nur die Szenen in einem alten englischen Garten, den hohe, gut beschnittene Hecken umgeben und schnurgerade, von Lavendel und anderen duftenden Pflanzen umsäumte Alleen durchqueren, wo dem Spaziergänger Blumen, von unsichtbarer Hand getragen, entgegenkommen, wo zutrauliche Hunde ihn begrüßen, die niemandem gehorchen als einer Gegenwart, der sie überallhin mit den Blicken folgen, und die sie allein gewahren. Die Geschichte bricht kurz ab, als hätte der Verfasser Eile, sie los zu werden, und schließt mit einer ziemlich alltäglichen Heirat und einem Aufstand chinesischer Seeräuber, die sich eines Schiffes bemächtigen, die Schiffsmannschaft und Stellas Gatten in Fesseln legen und nur durch das übernatürliche Eingreifen der unsichtbaren Frau in wilde Flucht geschlagen werden.

XVII.

Aber verzettelt Hinton sich auch in einigen seiner Bücher ein wenig wie die anderen Schriftsteller, die über die vierte Dimension schreiben, so ist das in *A New Era of Thought* und besonders in *The Fourth Dimension* nicht der Fall. Von der ersten Seite an führt er uns in die Finsternis des großen Rätsels und hält uns mit Gewalt dort fest, bis zur Erschlaffung unserer Aufmerksamkeit und unseres Verstandes.

Mit Hilfe eines ungemein verwickelten Satzes von 81 Würfeln, 27 Scheiben, 12 weiteren verschiedenfarbigen Würfeln, 100 Namen für die Flächen, 216 Namen für die Würfel und 256 Namen für die vierdimensionalen Körper will er uns vierdimensionale feste Körper begreiflich machen, die er „Tessaracte" nennt, das heißt Oktaedroiden, die, nach ihm, einen greifbaren und einwandfreien Begriff von der vierten Dimension geben. Hunderte von Seiten sind diesen Versuchen gewidmet. Obgleich dabei keinerlei Rechenoperationen vorkommen, sondern nichts als Kombinationen von Dreiecken und Würfeln, ist es fast unmöglich, ihm bei diesem Versuch zu folgen, der eine besondere Ausbildung des Gedächtnisses und der Phantasie erfordert, monatelange Arbeit beansprucht und eine Anspannung, die zu Zwangsvorstellungen und Delirium führt.

Offenbar bedarf es, um dieses Fabelwesen, den „Tessaract", zu erfassen, besonderer Fähigkeiten, wie sie manche Schachspieler aufweisen, die mehrere Partien gleichzeitig spielen können, ohne das Schachbrett zu sehen. Namentlich der Fall eines Amerikaners wird erwähnt, der unter solchen Umständen 22 Partien gespielt hat, wobei er mit 675 Zügen in 10 Stunden 17 Partien gewann, eine verlor, während vier unentschieden blieben.

Hinton will vor allem durch diese Übungen unseren Raumsinn entwickeln, denn dieser allein erhellt alle Wirklichkeit und ist nach Kant die Fundamentalkraft des Geistes, da der wahre Denker der ist, dessen *Raumsinn* gut ausgebildet ist.

Es handelt sich also darum, das Bewusstsein darin zu üben, die Dinge von einem anderen Gesichtspunkt aus zu betrachten, als dem persönlichen. „Stoßen wir", sagt Hinton, „bei irgendeiner Art unseres Denkens auf die Unendlichkeit, so ist das ein Zeichen dafür, dass diese Art des Denkens in Beziehungen zu einer höheren Wirklichkeit tritt als die, der es sich angepasst hat."

„Unser Raum," fügt er hinzu, „wie wir ihn gewöhnlich auffassen, ist begrenzt, nicht in der Ausdehnung, aber auf eine bestimmte Art, die erst vorstellbar ist, wenn wir an unsere Art denken, die Dinge zu messen, die sich darin befinden." Aber warum sollte der Raum auf drei unabhängige Richtungen beschränkt sein? Die Geometrie hat gefunden, dass dafür kein Grund vorhanden sei, und nur die praktische Erfahrung vermag die Frage zu beantworten. Hinton behauptet, die Antwort gefunden zu haben und uns mit der vierten Dimension bekannt machen zu können. Auf jeden Fall glaubt er, nach Jahren negativer Versuche als nachprüfbar behaupten zu können, dass, wenn wir es richtig anfangen, es uns möglich ist, das vierdimensionale Dasein zu fühlen, und dass das menschliche Wesen auf irgendeine Art nicht nur ein dreidimensionales Wesen ist. Inwiefern und wie, müsse die Wissenschaft entdecken. „Alles, was ich hier tun kann," fügt er hinzu, „wird sein, gewisse Annahmen vorzubringen, die auf willkürliche und gezwungene Art eine flüchtige Darstellung der Beziehungen unseres Körpers zum vierdimensionalen Dasein geben und zeigen werden, wie in unserem Geist Fähigkeiten stecken, durch die wir dieses Dasein erkennen können. Der Geist kann zu einem Begriff des Überraums, das heißt des vierdimensionalen Raums gelangen, der dem Begriff unseres dreidimensionalen Raums adäquat ist, und kann ihn auf ähnliche Weise gebrauchen." Ich muss gestehen, dass es Hinton bisher nicht gelungen zu sein scheint, dies zu beweisen oder uns zu überzeugen.

XVIII.

Sicherlich ist es ein undankbares, nicht recht greifbares Thema, umhüllt von trügerischem Dunst, der zunächst gelichtet werden muss. Wenn man sagt, man wisse nicht genau, was die vierte Dimension sei, so hat man ziemlich alles gesagt, was man wirklich darüber wissen kann. Alles andere ist Hypothese, Theorie, Vorahnung, mehr oder weniger zufällige Vermutung. Gleichzeitig aber ist es ein nützliches Versenken der Sonde tief hinein in das unbestreitbare Unbekannte, das wir vielleicht eines Tages kennen werden. Unser ganzes Wissen baut sich auf ähnlichen Versuchen auf. Das Interessanteste übrigens, wie häufig bei solchen Schriften, die kühn Ziele ins Auge fassen, die der Mensch noch lange nicht zu erreichen vermag, ist das, was man am Wege findet, die Zufälligkeiten der Straße, die Nebenpunkte der Frage, die Beobachtungen, die unvorhergesehenen und sehr richtigen Hypothesen, die manchmal eine weniger richtige These stützen, die Parerga und Paralipomena, wie Schopenhauer sagte. Bisweilen ist der zurückgelegte Weg schöner als das Endziel. Es kommt mehr darauf an, auf dem Wege einige Gedanken zu begrüßen oder aufzurühren, als zu Schlussfolgerungen zu gelangen, die noch sehr bestritten sind.

XIX.

Es gilt also festzustellen, oder wenigstens ahnen zu lassen, dass, was auch immer unsere offenbar unvollkommenen Sinne behaupten, notwendigerweise im Weltall eine vierte und wohl auch eine fünfte, eine sechste und wer weiß wieviel andere Dimensionen existieren. Im Augenblick begnügen wir uns mit der vierten, einem schon ausreichend widerspenstigen Stoff.

Um die Begriffe festzulegen, wollen wir zunächst davon ausgehen, dass die drei Dimensionen keine Raummaße sind, da der Raum, weil ja unendlich, nicht messbar ist. In der Tat braucht man, um eine Entfernung zu messen, einen Ausgangspunkt; wo sollten wir im Raum, der keinen Anfang und kein Ende hat, diesen Punkt finden? Die drei Dimensionen sind also die Maße der Materie im Raum, das heißt in einem Ungefähr, das wir mehr oder weniger zu erkennen glauben, das uns aber entschlüpft, sobald wir versuchen, unserem Gedanken oder unserer Phantasie auf den Grund zu gehen. Diese Maße tragen nur einem einzigen Merkmal oder einer einzigen Eigenschaft der Materie Rechnung: Ihrer Ausdehnung im Raum, und von dieser Seite her ist es unmöglich, etwas anderes an ihr wahrzunehmen als Länge, Breite und Dicke. Aber es ist nahezu sicher, dass andere Sinne, oder einfach ein leicht vervollkommneter Augenmechanismus – zum Beispiel Augen, denen voneinander unabhängige Bewegungen und verschiedene Schnelligkeiten eigen wären –, uns andere Eigenschaften, unvorhergesehene Koordinationen von Raum und Zeit enthüllen würden und insbesondere eine vierte Ausdehnung in einem Raum, der dem, den wir zu verstehen glauben, nicht gleich ist. Das ist der Knoten des Problems, den zu lösen einer näheren oder ferneren Zukunft vielleicht gelingen wird.

XX.

Auf den Spuren Hintons, der tastend im Raum nach einem festen Halt sucht, beginnt Uspenski damit, uns zu sagen, dass ebenso wie die Linie von Punkten, die Fläche von Linien, der feste Körper von Flächen begrenzt ist, es möglich sei, dass der vierdimensionale Körper von dreidimensionalen

Körpern begrenzt werde. Oder man kann es auch so ausdrücken, dass die Linie zwei oder mehrere Punkte, die Fläche zwei oder mehrere Linien, der feste Körper mehrere Flächen voneinander trennt; und dass gleichzeitig die Linie mehrere getrennte Punkte zu einem bestimmten Ganzen verbindet (der geraden Linie, der krummen Linie, der gebrochenen Linie), die Fläche mehrere Linien zu einem bestimmten Ganzen (dem Viereck, dem Dreieck), der feste Körper mehrere Flächen zu einem bestimmten Ganzen (dem Würfel, der Pyramide). Von hier aus scheint es möglich, dass der vierdimensionale Raum die Entfernung zwischen einer Menge fester Körper ist, indem sie diese festen Körper trennt und sie dennoch gleichzeitig zu irgendeinem unbegreiflichen Ganzen verbindet, obgleich sie voneinander getrennt scheinen.

Sind auch die Voraussetzungen kaum bestreitbar, so ist doch die Schlussfolgerung recht trügerisch; und all das, sowohl das Vorangegangene wie das Folgende, bringt keine entscheidenden Beweise; es lässt uns aber ahnen, dass wir vielleicht an der Grenze irgendeiner Entdeckung stehen, denn so beginnen stets die blendendsten Bilder unserer menschlichen Zauberwelt.

Die Schlussfolgerung wird sehr viel klarer, wenn man das ganze Problem in eine andere Welt verlegt, nämlich in die Zeit, wohin übrigens, wir werden es bald sehen, alle Beweisführungen und Hypothesen münden, die sich um die vierte Dimension bewegen. Diese andere Welt, oder vielmehr diese andere Ebene, scheint auf den ersten Blick nur ganz fiktive Beziehungen zu der materiellen Welt oder Ebene zu haben; sieht man aber genauer hin, so ist sie ebenso eng mit ihr verbunden, gehört ebenso unlöslich dazu wie der Raum.

Reden wir also nicht mehr von festen Körpern, sondern von Bewegungen oder Begebenheiten, die dieselbe Rolle in der Zeit spielen wie die festen Körper im Raum. „Unter Zeit", sagt Uspenski, „verstehen wir die Entfernung, welche die Begebenheiten in ihrer Aufeinanderfolge trennt, indem sie sie zu verschiedenen Einheiten zusammenfügt. Diese Entfernung befindet sich in einer Richtung, die im dreidimensionalen Raum nicht enthalten ist; daher wird sie die neue Dimension des Raumes sein, nämlich die vierte Dimension. Sie lässt sich ebenso wenig mit den Dimensionen des dreidimensionalen Raumes vergleichen wie ein Jahr mit Petersburg. Sie steht senkrecht zu allen Richtungen des dreidimensionalen Raumes und läuft mit keiner von ihnen parallel. Mit dem Ausdruck Zeit bezeichnen wir in Wahrheit einen bestimmten Raum und eine Bewegung auf diesen Raum, folglich ist Ausdehnung in der Zeit Ausdehnung im unbekannten Raum; folglich ist die Zeit die vierte Dimension des Raumes."

Handelt es sich einfach um ein Taschenspielerkunststück, das die Schwierigkeiten hinwegzaubert? Heißt es addieren, wenn man Pferde mit Birnen zusammenrechnet, um, koste es, was es wolle, auf eine bestimmte Summe unbenannter Einheiten zu kommen? Weniger als man meint; denn wir werden sehen, dass die festen Körper sich zu den Wesen, die in einer zweidimensionalen Welt leben, im Hinblick auf die Zeit ebenso verhalten wie die Begebenheiten zu den Wesen, die, wie wir, in einer dreidimensionalen Ordnung leben.

Übrigens selbst für uns, in unseren drei Dimensionen, haben die scheinbar unbeweglichsten festen Körper eine Ausdehnung in der Zeit, ebenso wie die Begebenheiten, denn wir wissen, dass alles, was existiert, sich ewig in der Zeit bewegt, auch wenn es sich im Raume nicht bewegt – angenommen, diese Unbeweglichkeit sei möglich (denn die Erde reißt alles mit in ihrem schwindelnden Lauf).

Raum und Zeit sind also in gewissen Punkten auswechselbar. Die Mathematiker, die in einigen ihrer Berechnungen vier Koordinaten, drei räumliche und eine zeitliche, anwenden, bestätigen es; mit anderen Worten, sie wenden die Zeit an, als wäre sie eine Dimension des Raumes.

XXI.

Ich bemühe mich, die Gedanken Uspenskis nicht zu verfälschen, sie zu erfassen, zu klären, zu ordnen, denn es sind slawische Gedanken, mit allen ihren Vorzügen und Fehlern, also originelle, unerwartete, kühne, abschweifende, scharfsinnige und manchmal widerspruchsvolle Gedanken. Uspenski teilt die Wesen, die diese Erde bevölkern, in drei Klassen: Solche, die nur eine Dimension kennen, zum Beispiel die Schnecke; solche, die zwei Dimensionen kennen, wie das Pferd, die Katze, den Affen, den Hund; und solche, die drei Dimensionen kennen, die Menschen.

Die Schnecke bewegt sich immer auf einer einzigen Linie, und außerhalb dieser Linie nimmt sie wahrscheinlich nichts in ihr Bewusstsein auf. Diese Linie ist ihr ganzes Weltall. Alle von außen kommenden Eindrücke empfindet sie auf dieser Linie, und dorthin gelangen sie, indem sie aus der Zeit treten. Aus potentiellen werden sie zu gegenwärtigen. Für die Schnecke besteht unser Weltall in der Zukunft und der Vergangenheit, also in der Zeit. Im Raum gibt es eine einzige Linie, und alles übrige ist Zeit.

Offensichtlich hat die Schnecke kein Bewusstsein von ihren Bewegungen. „Mit ihren Bemühungen bewegt sie sich hin zum grünenden Rand des Blattes; aber ihr scheint es, als käme das Blatt zu ihr, aus der Zeit heraustretend, wie zu uns der Morgen kommt."
Das alles ist mehr oder weniger zweifelhaft und wäre allein richtig, wenn die Schnecke sich nur auf einer einzigen Linie vorwärts oder rückwärts bewegen könnte. Aber sie durchquert sowohl die Breite wie die Länge des Blattes. Dass es ohne Bewusstsein geschieht, steht ziemlich fest, aber demnach würden alle Tiere, und sogar die primitiven Menschen in einer eindimensionalen Welt leben.

XXII.

Das Beispiel aus Hintons *Episode of Flatland* ist willkürlicher, aber beweiskräftiger. Er erfindet ein Wesen, das auf einer Linie gefangen ist. Ich, für meine Person, würde der Wahrscheinlichkeit und Klarheit des Beweises zuliebe vorgezogen haben, es in einer Rinne gefangen zu sehen, aus der es nicht heraus könnte. Dieses Wesen hat von nichts eine Vorstellung als von dem, was vor ihm auf dieser Linie oder in dieser Rinne ist.
Dieses lineare Individuum hat zwei Enden, die man das Kopf- und das Schwanzende nennen kann. Der Kopf weist nach einer Richtung, der Schwanz nach der anderen. Diese Richtungen kann es unmöglich vertauschen. Begegnen sich zwei Ungeheuer dieser Art Stirn gegen Stirn, so wird es ihnen unausführbar erscheinen, sich so zu stellen, dass ihre Köpfe in dieselbe Richtung sehen.
Wir wissen, dass es uns ein leichtes ist, dieses Wunder zu vollführen, indem wir das eine der beiden eine halbe Drehung um sich selbst machen lassen. Dazu sind wir imstande, weil wir eine zweite und sogar eine dritte Dimension zu unserer Verfügung haben. Da das in der Rinne eingeschlossene Wesen sich nicht nach zwei Dimensionen bewegen kann, wähnt es, die Natur des Raumes lege ihm diese Unmöglichkeit auf. Es tut damit genau dasselbe wie wir, wenn wir denken, dass es die Natur des Raumes ist, die uns auf drei Dimensionen beschränkt.

XXIII.

Das Beispiel der Tiere, die Uspenski zweidimensionale Tiere nennt, ruft auch einige Einwände hervor. Katze, Hund und Pferd, sagt er, kennen nur Länge und Breite der Dinge, ihre Fläche. Ihre Höhe bleibt ihnen unbekannt. Ist das ganz zutreffend? Soll ein Pferd unter einem zu niedrigen Bogen hindurch, so kann es genau berechnen, um wie viel Zentimeter es den Kopf senken muss, ebenso wie es mit einem Blick abschätzt, dass ein Hindernis zu hoch oder ein Graben zu breit ist und den Sprung verweigert. Ebenso weiß der Hund ganz genau, bis zu welchem Grade er sich strecken muss, um in die Hundehütte zu kriechen. Richtig daran ist, dass sie nicht das Verhältnis von Länge und Breite eines Gegenstandes zu seiner Höhe oder Dicke feststellen können. Das ist ein Begriff, eine Geistesschöpfung, eine Abstraktion, von der sie keinerlei Vorstellung haben. Ich frage mich sogar, was Uspenski sich nicht fragt, ob sie die Länge von der Breite und der Höhe unterscheiden. Sie kennen, wie die Schnecke, auf der Fläche nichts als die gerade Linie, die von dem Punkt, den sie verlassen, zu dem Punkt führt, nach welchem sie sich hinbegeben wollen. Länge und Breite als Begriffe sind ihnen ebenso unzugänglich wie der Begriff der Kugel oder des Würfels. Es ist demnach sehr wohl möglich, dass, entgegen den Behauptungen Uspenskis, sie nur eindimensionale Tiere sind. Selbst die Schwalbe, die unentwegt in den drei Dimensionen schwebt, kennt wahrscheinlich nur eine einzige.

Wie dem auch sei, stellt man einen Hund oder eine Katze vor eine große Scheibe und setzt neben diese Scheibe eine Kugel gleichen Umfanges, so werden Scheibe und Kugel, von vorn gesehen, für das Tier genau das gleiche bedeuten. Nähert es sich der Scheibe, um zu sehen, was dahinter ist, so wird die Scheibe bald nichts als ein schmaler Streifen sein; und aus diesem Streifen wird, wenn es seine Untersuchungen fortsetzt, schrittweise eine neue Scheibe entstehen. Nähert es sich hingegen der Kugel und geht um sie herum, so wird diese ihm immer dieselbe Scheibe darbieten, die ihm zu folgen und sich um sich selbst zu drehen scheint. Das, was dem Tier an dieser dritten Dimension unverständlich, für uns aber unbestreitbar ist, obgleich nur eine Schöpfung unseres Gedankens, wird sich in Bewegung umformen, das heißt, dass für das Tier diese dritte Dimension notwendigerweise in die Zeit verlegt wird. Das Beispiel ist noch überraschender, wenn wir an Stelle einer Scheibe und einer Kugel ein Quadrat und einen Würfel nebeneinander setzen. Unternimmt es das Tier, um den Würfel herumzugehen, so wird es, sobald es den ersten Winkel überschritten hat, ein neues Quadrat entstehen sehen, das sich seinem Fortschreiten entsprechend entwickeln wird, während das erste Quadrat verschwindet und in die Vergangenheit versinkt; und so weiter werden sich bei jedem der vier Winkel die aufeinanderfolgen den Flächen in drei Zeitformen umwandeln: In Zukunft, Gegenwart und Vergangenheit. Es nimmt also den dreidimensionalen Gegenstand nur wahr, während es daran vorbeigeht. Würfel und Kugel existieren für das Tier nur als Zeitfunktion, sind nichts als sichtbar gewordene Zeit.

Es versteht sich von selbst, dass das Tier nicht diese verwickelten Überlegungen anstellt, aber es handelt so, als stellte es sie an. Wie Uspenski sagt, wäre es fähig, über diese Phänomene nachzudenken, die noch nicht in sein Leben getreten sind, nämlich über die Winkel und die konvexen Flächen, so würde es sich diese nur in der Zeit vorstellen. Es könnte sich nicht denken, dass sie eine wirkliche Existenz haben, solange sie nicht erschienen sind. Und wäre es imstande, eine Meinung über diesen Gegenstand zu äußern, so würde es sagen, dass die Winkel potentiell existieren, dass sie sein werden, aber im Augenblick noch nicht sind. Die dritte Dimension ist für das Tier ein Zeitphänomen und nicht, wie für uns, ein Raumphänomen.

Versuche mit einem Blindgeborenen, der infolge einer Operation mit siebzehn Jahren die Sehkraft erlangte, haben diese Tierpsychologie bestätigt. Würfel, Kugel und Pyramide erschienen ihm flach wie das Viereck, die Scheibe und das Dreieck. Er sah keinen Unterschied zwischen Scheibe und Kugel. Nur durch Tasten überzeugte er sich, dass sie nicht gleich waren. Es fehlte ihm der Sinn für Raum und Perspektive. Alle Dinge erschienen ihm flach, selbst das menschliche Antlitz, trotz des Vorsprungs der Nase und der Vertiefung der Augenhöhlen; und mehrere Tage lang lebte er so in einer Welt, die nur zwei Dimensionen hatte.

XXIV.

Um uns eine Vorstellung davon zu geben, was das Leben eines zweidimensionalen Wesens sein kann, zieht Hinton andere Beispiele heran. Eins der einfachsten sei hier erwähnt: Man stelle sich einen Bewohner des „Flachlandes" vor, das heißt ein unwahrscheinlich schmales Wesen, flach wie ein Blatt Papier, das auf einem Marmortisch lebt, den es unmöglich verlassen kann, ebenso wie es uns unmöglich ist, unsere Erde zu verlassen. Alle seine Bewegungen beschränken sich darauf, über den Marmor zu gleiten, wie unser Schatten über den Boden gleitet. Auf diesem Marmor gibt es nur flache Dinge gleich ihm selbst. Für dieses Wesen ist die

Tischfläche der ganze Raum, und es kennt nur zwei Dimensionen, nämlich Länge und Breite. Seine Augen und seine Glieder sind nicht derart beschaffen, dass es die Ausdehnung, die sich über ihm befindet, sehen oder betasten könnte. Es weiß überhaupt nicht, dass diese Ausdehnung existiert, so dass es keinerlei Vorstellung davon hat, was die Höhe oder Dicke der Gegenstände ist. Es hat nie solche Gegenstände gesehen; außerdem kann es sie nicht sehen; und sollte es zufällig auf seinem Tisch einem solchen Gegenstand begegnen, so würde es sich nicht darüber klar werden, was es sei, und es als ein unüberwindliches Hindernis ansehen, das man umgehen muss, ohne sich seinetwegen unnötige Gedanken zu machen. Es wird vorausgesetzt, dass dieses Wesen ebenso intelligent, ebenso wissbegierig, mit gleichem Forschungstrieb begabt und von gleicher Kultur sei wie wir; aber begrenzt durch seine Organe, kennt es gezwungenermaßen nichts von dem, was uns die dritte Dimension, in der wir leben, gelehrt hat.

Man schneide aus einem Papier zwei gleiche, am besten, um jeder Verwechslung der Winkel vorzubeugen, ungleichseitige Dreiecke und lege sie nebeneinander auf den Marmor, der unserem flachen Wesen das Weltall bedeutet. Nachdem es die diese Dreiecke begrenzenden Linien, die alles sind, was es sehen und berühren kann, untersucht hat, wird es den Schluss ziehen, dass die beiden Dreiecke gleich und übereinstimmend sind; und es wird begreifen können, dass das eine genau den gleichen Raum einnimmt wie das andere. Es kann übrigens, indem es das rechte unter das linke gleiten lässt, sie übereinanderlegen und feststellen, dass alle ihre Linien übereinstimmen.

Aber statt diese Dreiecke auf dem Tisch zu lassen, wie Figur 1 es zeigt,

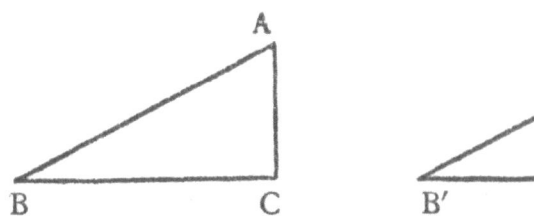

lasse man das rechte auf der Linie A´C´ sich um seine Achse nach rechts drehen, wie Figur 2 ergibt.

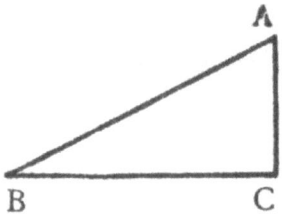 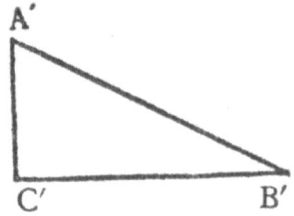

Das flache Wesen wird wiederkommen und seine Dreiecke betrachten und wird, nachdem es sie geprüft hat, feststellen, dass die Länge der Seiten und die Winkel des Dreiecks A'B'C' von Figur 2 vollkommen gleich denen des Dreiecks ABC von Figur 1 geblieben sind, dass es zwischen den beiden Dreiecken, was den von ihnen eingenommenen Raum betrifft, keinen Unterschied gibt, mit einem Wort, dass sie vollkommen gleich sind; aber zu seiner namenlosen Bestürzung wird es nach Erschöpfung aller Kombinationen, wenn es sie in allen möglichen Lagen übereinandergleiten lässt (man vergesse nicht, dass ihm der Gedanke, sie hoch zu heben, nicht kommen kann), entdecken, dass, sollte es ihm auch gelingen, sie übereinander zu legen, es ihm nicht mehr glücken wird, sie übereinstimmend zu machen, wollte es auch den Rest seines Lebens daran wenden.

Hier ein anderes Diagramm, welches in einer etwas abweichenden Form dasselbe Problem darstellt:

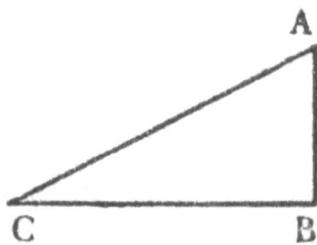 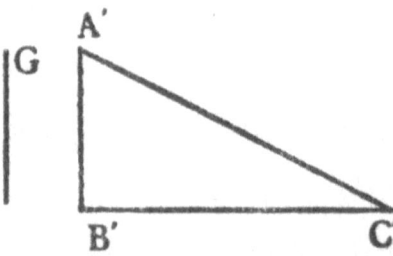

Das flache Wesen könnte, indem es das Dreieck ABC über die Linie G gleiten ließe, es an die Stelle bringen, die das Dreieck A'B'C' in Figur 2 einnimmt. Aber trotz aller Hartnäckigkeit wird es ihm nie gelingen, indem es oben oder unten die Linie G umgeht, das Dreieck ABC in die Stellung zu bringen, die in Figur 1 das Dreieck A'B'C' einnimmt.

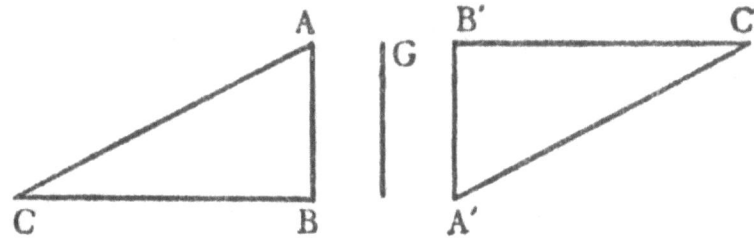

Um das zu erreichen, muss es unter allen Umständen auf der Linie AB um seine Achse gedreht werden, das setzt die Vermittlung eines Wesens voraus, dem eine dritte Richtung im Raum zur Verfügung steht, mit anderen Worten, eine dritte Dimension.

Es hat sich nämlich eben eine Begebenheit abgespielt, die für das Wesen unausdenkbar ist, eine Begebenheit aus einer anderen Welt, die für immer die Natur und die Eigenschaften der Dreiecke verwandelt zu haben scheint; eine Begebenheit, ebenso unerklärlich, wie es für uns die Möglichkeit wäre, die Handfläche unserer rechten Hand so auf den Handrücken unserer linken Hand zu legen, dass sie sich decken, oder die Möglichkeit, hinter einen Spiegel tretend, der unser Bild zurückwirft, unseren wirklichen Körper mit seinem Spiegelbild, das wir durch irgendein Verfahren auf dem Spiegel festgebannt hätten, übereinstimmen zu lassen.

Es hat sich also begeben, dass dank dem Dazwischentreten eines Wesens, das Kenntnis von einer dreidimensionalen, folglich unvergleichlich höheren Welt hat als der, in welche das flache Wesen gebannt ist, das zweite Dreieck auf einer seiner Seiten sich um seine Achse gedreht hat, in einer dem Flachwesen unbekannten Richtung, in einem Raum, der für dieses Wesen nicht existiert und von dem es keine Vorstellung haben kann. Es gibt also eine bestimmte Reihe von Möglichkeiten, die es nicht überschreiten kann. Aber diese Reihe stimmt nicht überein mit dem, was wirklich möglich oder unmöglich ist. Sie entspricht einer bestimmten Beschaffenheit, die dem flachen Wesen, nicht aber dem Dreieck eigentümlich ist. Wenn es sagt, dass es unmöglich sei, die bei den Dreiecke übereinstimmend zu machen, so ist das eine Behauptung, die sich nicht auf das Dreieck, sondern auf das Flachwesen bezieht.

Ebenso steht es mit uns. Wir stellen auf dieselbe Weise viele Behauptungen

hinsichtlich der Außenwelt auf, die nur uns selber betreffen, und die, vom Standpunkt der noch unbekannten Wirklichkeit aus gesehen, keinen größeren Wert haben als die Behauptungen des flachen Wesens; aber statt, wie dieses, zu sagen, dass es nur zwei unabhängige Richtungen gibt, behaupten wir kühn, es könne nicht mehr geben als drei.
Es ist notwendig, diese Punkte zu betonen, denn sie sind, eine Stufe tiefer, das getreue Bild unserer eigenen Lage im Weltall.
Das unselige flache Wesen würde also sein Leben an dieses uns kindisch erscheinende Problem wenden, ebenso wie wir alle Stunden unseres Erdenweges vergebens opfern würden, wollten wir in der erwähnten Stellung unsere rechte Hand mit unserer linken zusammenfallen lassen oder unser Spiegelbild mit unserem wirklichen, während es uns ein leichtes ist, unseren linken Handschuh mit unserem rechten in Übereinstimmung zu bringen, indem wir den einen von innen nach außen kehren wie eine Aalhaut oder ein Regenschirmfutteral; indem wir also zu einem Ausweg greifen, der unseren unbestimmten Begriff von einer vierten Dimension streift oder parodiert, einer vierten Dimension, die wir noch nicht für unseren Körper verwenden können, um ihn über sein Spiegelbild zu legen. Doch die Erscheinungen und Ektoplasmen in metapsychischen Experimenten, die allerdings noch nicht allgemein anerkannt werden, führen schon zu ähnlichen Ergebnissen, welche die Existenz einer vierten Dimension voraussetzen, der jener sechste Sinn entsprechen würde, dessen Spuren die modernen Okkultisten wiedergefunden oder neu erweckt zu haben glauben.

XXV.

Hier folge noch ein anderes, von Hintons unerschöpflicher Erfindungsgabe erdachtes Beispiel für die Streiche, die wir dem flachen Wesen spielen könnten, um das Wissen, das es von den Gesetzen und Phänomenen seines Weltalls zu haben glaubt, vollständig über den Haufen zu werfen. Man nehme an, das Wesen befinde sich auf einer viereckigen, von einer millimeterbreiten Linie umgrenzten Fläche. Es ist ein Gefangener auf seiner Ebene, deren Grenzen zu überschreiten ihm nicht einmal in den Sinn kommt, wie der Mensch ein Gefangener in einem Würfel oder einem Zimmer ohne Öffnung wäre. Aber wir können das flache Wesen in die Höhe heben und es auf der anderen Seite seiner Ebene niedersetzen. Es wird sich dann plötzlich außerhalb der Fläche befinden, die es gefangen

hielt, ohne dass es die unüberwindlichen Linien, die ihm Grenzen setzten, überschritten hätte. Sein Erstaunen wird ganz genau dem Erstaunen eines Menschen gleichen, der sich plötzlich außerhalb seines verschlossenen Zimmers sähe, ohne dass er durch Fenster, Tür, Kamin oder eine andere Öffnung in der Wand, der Decke oder dem Boden hinausgekommen wäre, kurz eines Menschen, den man durch Anwendung der unbekannten Richtung, die uns die vierte Dimension schenkt, befreit hätte.
Die Wesen der metapsychischen Phänomene, so wird behauptet, vermögen das bereits; jedenfalls wird es durch unser Denken verwirklicht, das über eine Dimension verfügt, die zu erkennen unser Körper vielleicht auf dem Wege ist.
Das einfachste Beispiel jedoch bleibt die berühmte Höhle Platos, obgleich der große Philosoph von Ägina sich nicht mit der vierten Dimension beschäftigt hat. Bekanntlich stellt sich Plato menschliche Wesen vor, die von ihrer Kindheit an in einer unterirdischen Höhle vom Kopf bis zu den Füßen so angekettet sind, dass sie den Kopf nicht wenden können, noch die Hände bewegen, um irgendetwas zu berühren. Hinter ihnen brennt ein großes Feuer, und zwischen diesem Feuer und der Öffnung ihres Gefängnisses, der sie den Rücken zukehren, befindet sich ein Gang, auf dem Männer und Frauen hin und her gehen. Die Gefangenen, den Kopf immer der Mauer zugewandt, die den Hintergrund der Höhle bildet, haben nie etwas anderes gesehen als ihren eigenen Schatten und den Schatten der Vorübergehenden. Sie kennen nur Schattenbilder, Flächen; das Bild von allem Seienden hat für sie keine Dicke, sie leben in einer zweidimensionalen Welt.
Erkennen sie nach ihrer Befreiung die Wahrheit der Dinge, vor allem der festen Körper, so werden sie ebenso erstaunt sein, in eine dreidimensionale Welt zu treten, deren Vorhandensein sie vielleicht ahnten, aber deren Möglichkeit sie sicherlich geleugnet hätten, wie wir erstaunt sein werden, wenn wir in eine vierdimensionale Welt treten, deren Dasein wir gleichfalls ahnen, aber deren Wirklichkeit wir vorläufig noch allzusehr zu leugnen geneigt sind.
Um ein letztes Bild zu geben, wollen wir annehmen, dass wir das flache Wesen auf eine Anhöhe bringen, das heißt in eine dritte Dimension, die seine flache Welt überragt. Nachdem es diesem erstaunlichen Schauspiel sein wahrscheinlich einziges Auge angepasst hat, wird dieses Wesen, das noch nie etwas anderes gesehen hat als die Linien, welche die Flächen seines Weltalls umranden, aber nicht diese Flächen selber, die ihm ein

undurchdringliches und unausdenkbares Geheimnis waren, plötzlich bemerken, was diese Linien einschließen, mit anderen Worten, das Innere alles dessen, was sich dort befindet, zum Beispiel das Innere der Häuser, die keine Dächer haben konnten, das Innere der Körper, deren Organe, ihm bis zu diesem Tage verborgen, sich notwendigerweise an der Oberfläche befanden. Ebenso würden wir, führte uns jemand auf die Höhen der vierten Dimension, das ganze Innere der dreidimensionalen Welt entdecken, das heißt das Innere aller festen Körper, Würfel, Kugeln, Pyramiden, Häuser, lebenden Wesen, von denen wir aus den Niederungen unserer dritten Dimension nur die Flächen sehen, wie das flache Wesen aus den noch tieferen Niederungen seiner zweiten Dimension nur Linien wahrnimmt.

Mit anderen Worten, um die Frage auf eine Formel zu bringen: Ebenso wie die Linien der Scheibe, des Dreiecks oder Vierecks, die das flache Wesen unterscheidet, nur das Äußere von Flächen sind, die es nicht sieht, und die ihrerseits nur Schnitte der Kugel, des Würfels oder der Pyramide sind, ebenso sind die Kugel, die Pyramide und der Würfel, deren Flächen wir nur sehen, nichts als Schnitte unvorstellbarer fester Körper, deren Vorhandensein und Gestalt wir uns genau so unmöglich vorzustellen vermögen wie das flache Wesen das Vorhandensein und die Gestalt der Kugel, der Pyramide oder des Würfels.

XXVI.

Wir wollen zu Uspenski zurückkehren und versuchen, seine Beweisführungen, die manchmal vom Wege abschweifen, zu lichten und zusammenzufassen. Für die Schnecke ist die zweite Dimension die Bewegung der ersten Dimension oder die Bewegung einer Linie in einer Richtung, die sie nicht enthält – denn bewegte sich diese Linie in einer Richtung, die sie enthielte, so bliebe sie weiterhin Linie und würde nicht Fläche. Für den Hund oder das Pferd ist die dritte Dimension die Bewegung der zweiten Dimension, die sich gleichfalls in einer Richtung bewegt, die sie nicht enthält – denn sonst bliebe sie Fläche; ist es nun nicht wahrscheinlich, dass gleich dieser Bewegung außerhalb ihrer selbst, die für uns zum festen Körper wird, den der Hund jedoch nur in der Form der Zeit begreift, die vierte Dimension die Bewegung der dritten Dimension ist oder die Bewegung eines festen Körpers in einer Richtung, die ihm nicht innewohnt und die außerhalb aller Richtungen liegt, die in einem dreidimensionalen Gebilde möglich sind? Und ersetzt nicht – wie für das

Tier die Zeit den Begriff des festen Körpers ersetzt, von dem es keine Vorstellung haben kann – die Deutung durch die Zeit, zu der schließlich alle Forscher gelangen, ein Etwas, das uns ebenso unfassbar ist wie dem Tiere die Kugel oder der Würfel? Sollten wir nicht, versehen mit unserem Gehirn, auf das wir so stolz sind, das uns der geistige Gipfel aller Welten bedeutet, eine andere Erklärung finden können als der Hund oder die Schnecke?

XXVII.

Es ist zuzugeben, dass es keinem, der sich mit der Frage eingehend und gründlich beschäftigt hat, gelungen ist, diese andere Erklärung zu finden. Alle gestehen es ein. Uspenski, der scharfsinnigste von ihnen, sagt: „Ebenso wie es unmöglich ist, sich im Punkt die Linie und die Gesetze der Linie vorzustellen, wie es in der Linie unmöglich ist, sich die Fläche und die Gesetze der Fläche vorzustellen, wie es in der Fläche unmöglich ist, sich die festen Körper und die Gesetze der festen Körper vorzustellen, ebenso ist es unmöglich, sich in unserem Raum einen Körper mit mehr als drei Dimensionen vorzustellen und die Daseinsgesetze eines solchen Körpers."

Sie werden also zu den gleichen Schlüssen gezwungen wie das Pferd, der Esel oder die Schnecke, und versetzen in die Zeit, was sie nicht begreifen oder verstehen können. Aber etwas in die Zeit versetzen, um es dadurch zu erklären, heißt, es in das versetzen, was nicht besteht oder nur im Verhältnis zu uns besteht, und es durch das erklären, was wir am wenigsten verstehen. Obscurum per obscurius. Wenn man, wie Einstein und Uspenski, sagt, dass die Zeit die vierte Dimension des Raumes ist, könnte man mit derselben Berechtigung behaupten, der Raum sei die vierte Dimension der Zeit, die für uns nur drei Dimensionen hat: Zukunft, Gegenwart und Vergangenheit. Es wäre vielleicht einfacher, gleich zu erklären, was aller Wahrscheinlichkeit nach die letzte Wahrheit ist, dass die Ewigkeit, die immerwährende und allumfassende Gleichzeitigkeit oder die ewige Gegenwart die vierte Dimension des Raumes und der Zeit ist, das heißt die größte Unbekannte zweier Ausdrücke, die nichts als Unbekannte enthalten.

XXVIII.

Vorläufig behaupten wir, es sei die Zeit, um nicht stummen Mundes vor der

Unendlichkeit zu stehen; aber wir könnten mit gleichem Recht sagen, es sei irgendeine andere Unbekannte, zum Beispiel der Äther, jener geheimnisvolle Träger der elektromagnetischen Erscheinungen, der fester ist als ein Diamantfels, da er Welten trägt, und doch unsichtbarer als die Leere. Er ist die Substanz des Raumes, infolgedessen ein anderes Gesicht der Zeit; und seine Wellen, die alle Dinge formen und beleben, sind Raum in der Bewegung, wie der Raum Äther in der Ruhe ist. Er ist unempfindlich gegen die höchste Unbekannte, deren Bruder er vielleicht ist, nämlich die Gravitation, zu der wir gleichfalls Zuflucht nehmen könnten, um das Unerklärliche zu erklären, und die im unfassbarsten Mysterium ein Mischding ist aus Masse, Raum und Zeit. Dies ist vielleicht des Rätsels letzte Lösung, und in jedem Fall das einzige universelle Gesetz, das unabhängig von allen äußeren Einwirkungen ist und von keiner fremden Kraft beeinflusst wird. Wir sehen in der Tat, dass das Licht, von den undurchsichtigen Körpern aufgehalten, durch Prismen oder Linsen gebrochen wird, dass die elektrischen oder magnetischen Ströme durch die Nachbarschaft bestimmter Körper verändert werden, während es kein Mittel zuwege bringt, die Gravitation zu steigern oder zu verringern, die unberührt bleibt von allen physikalischen Einflüssen wie von der chemischen Natur der Körper, die ihr unterworfen sind.

Es muss jedoch bemerkt werden, dass der italienische Gelehrte Majorana kürzlich über die Absorption der Gravitation durch Zwischenkörper Resultate erreicht hat, die, wenn sie sich bestätigen, vielleicht unser ganzes Dasein umwandeln werden. Ich weiß nicht, ob diese Versuche gehalten haben, was sie anfänglich versprachen.

Weiters: Warum sollte nicht im Augenblick, da der Raum keine Antwort mehr auf unsere Fragen gibt, die Gravitation an Stelle der Zeit treten? Sie ist dazu um so geeigneter, als sie es ist, die die Bewegungen der Gestirne hervorbringt, und die allein das Riesenuhrwerk unseres Firmamentes regelt. Im Grunde ist sie nur ein Pseudonym der Zeit, ihr bewegtes Antlitz, und verschmilzt letzten Endes mit ihr.

Es sei noch hinzugefügt, dass in den zwei Jahrhunderten, seit denen ihre Gesetze mit hinreichender Genauigkeit festgelegt worden sind, es nicht gelungen ist, ihren Mechanismus und ihren Einfluss zu erklären. Etwa zweihundert Theorien sind aufgestellt worden; aber die einleuchtendsten führen zu nichts und halten nicht der experimentellen Beweisführung stand. Man kennt ihre Geschwindigkeit noch nicht und weiß nicht, ob sie derjenigen des Lichtes gleich oder überlegen ist.

„Die Einsteinsche Theorie kann dahin zusammengefasst werden," heißt es bei Emile Borel, „dass man sagt, die vollständige, lückenlose Kenntnis der Beziehungen von Raum und Zeit genüge zur Beschreibung der Welt; und die Lokalisierung des Stoffes und der Elektrizität sei insbesondere durch einfache Formeln aus diesen Beziehungen von Raum und Zeit abzuleiten."
Aber was können diese Beziehungen zwischen zwei Illusionen, geboren aus der Gebrechlichkeit unseres Verstandes, uns geben? Man könnte ebenso gut sagen, es gebe überhaupt keine Erklärung, was das flache Wesen sicherlich tut, wenn es feststellt, dass sein Dreieck sich nach einer Richtung gedreht hat deren Vorhandensein es nicht einmal ahnt.
Bekanntlich gründet sich die Relativitätslehre auf die konstante Geschwindigkeit des Lichtes. Nun beweisen kürzlich angestellte Versuche von Miller, dem Schüler Morleys, dass in der Höhe des Mount Wilson, also in einer Höhe von 1700 Metern, die Lichtgeschwindigkeit nicht mehr eine universelle Konstante ist, weil der Äther, der in einer Höhe von 200 Metern über dem Erdboden anscheinend von der Erde vollständig mitgerissen wird, in einer Höhe, von 1700 Metern nur zu zwei Dritteln an der Geschwindigkeit unserer Erdkugel teilzunehmen scheint, Es ist wahrscheinlich, dass in 4000 Meter Höhe, z. B. auf dem Montblanc, es einen sogenannten „Ätherwind" von mindestens 20 Kilometern Geschwindigkeit in der Sekunde geben würde, der, abgesehen davon, dass durch ihn der Beweis für das manchmal bestrittene Bestehen des universellen Fluidums erbracht wäre, eine Abweichung von fünf Meilen anzeigen würde. Die erforderlichen Versuche sind aber in dieser Höhe noch nicht vorgenommen worden.

XXIX.

Der Versuch, den Raum durch die Zeit und die Zeit durch den Raum zu erklären, heißt die Nacht durch die Finsternis und die Finsternis durch die Nacht erklären und sich hoffnungslos im Kreise des Unerkennbaren drehen. Zeit und Raum sind zwei Masken desselben Rätsels, die, sobald man sie scharf ansieht, den gleichen Ausdruck annehmen. „Der Sinn der Zeit ist ein unvollkommener Sinn des Raumes, Saum und Grenze unseres Raumsinnes," sagt Uspenski. Sie leben und gedeihen einer auf Kosten des anderen. Nimmt der eine zu, verringert sich der andere und umgekehrt. Jeder Körper dehnt sich sowohl in der Zeit aus wie im Raum; sein Haupt umspült die Dauer, seine Füße tauchen in der Ausdehnung. Der Raum ist sichtbare Gegenwart. Die Zeit ist Raum, der in Bewegung kommt und Zukunft oder Vergangenheit wird. Der Raum ist ausgedehnte, horizontale Zeit; die Zeit ist senkrechter, vertikaler Raum. Der Raum ist Zeit, die bleibt, die Zeit ist Raum, der flieht. Wir können unseren begrenzten Raum nur durch die Zeit messen, die wir nötig haben, ihn zu durchschreiten, und den über unsere Grenzen hinausgehenden Raum nur durch die Anzahl Sekunden oder Jahrhunderte, die das Licht braucht, um ihn zu durchdringen; und sobald wir der Zeit eine Art Gesicht geben wollen, gelingt uns das nur, wenn wir sie uns als einen immateriellen Raum vorstellen. Sie bietet uns nur noch eine Ausdehnung dar, die leer von Dingen, aber bevölkert von Ereignissen ist; sie existiert im Übrigen nur durch die Ereignisse, die sich in ihr abrollen. Man könnte sagen, dass der Raum die Zeit unseres Körpers und die Zeit der Raum unseres Geistes ist. Dort, wo wir den Raum nicht mehr verstehen, beginnt für uns die Zeit; dort, wo wir der Zeit nicht mehr folgen können, bildet sich um uns das Bild des Raumes. Wie Silberstein sehr richtig bemerkt: „Es gibt keinerlei Unterschied zwischen Raum und Zeit, es sei denn, dass unser Bewusstsein sich längs der Zeit bewegt."

Überall finden wir beiden gemeinsame, sozusagen eheliche Eigenschaften, zum Beispiel in der Zentrifugalkraft (dieser geheimnisvollen Kraft, die auf den ersten Blick die unsterbliche Feindin der Gravitation zu sein scheint), denn die Erdrotation drückt sich mathematisch in Formeln aus, in denen sowohl Raum wie Zeit erscheinen.

Sie sind gleich unendlich im metaphysischen Sinne des Wortes: Quod nihil ultra se habet praeter se ipsum, was nichts über sich hinaus hat als sich selber. Vermöge dieses Grundsatzes wäre die Zeit nur durch die Zeit begrenzt, der Raum nur durch den Raum. Nun ist fast stets der Raum durch die Zeit begrenzt und die Zeit umgeben vom Raum. Ihre Grenzen verschmelzen miteinander und gehen auf in demselben Unbekannten.

Der Raum existiert notwendigerweise in der Zeit; und andererseits, wo bliebe die Zeit, wenn sie nicht den Raum hätte? „Niemals hat man einen Punkt des Raumes anders als in einem bestimmten Zeitpunkt gesehen, noch die Zeit anders als an einem Ort wahrgenommen," sagt Minkowski, der große Mathematiker; und an anderer Stelle fügt er hinzu: „Der Raum an sich und die Zeit an sich lösen sich in einen Schatten auf, und nur eine Art Verbindung von beiden bewahrt ein unabhängiges Dasein."

„Der grundlegende Maßstabe, versichert wiederum der Astronom Eddington, „ist nicht das Intervall zwischen zwei Punkten des Raumes, sondern zwischen zwei mit Augenblicken der Zeit verbundenen Punkten des Raumes. Der Raum ohne Zeit ist ebenso unvollständig wie eine Fläche ohne Dicke."

In Ermangelung einer besseren Erklärung sehen wir die Zeit als die Bewegung des Raumes, und den Raum als die Ruhe der Zeit an. In Wirklichkeit ist die Zeit ebenso unbeweglich wie ihr Bruder. Wir stellen sie uns vor als einen Fluss, der ohne Unterlass fließt, der kommt, man weiß nicht woher, und geht, man weiß nicht wohin. In Wahrheit hat er sich nie gerührt; nicht er fließt, sondern wir sind es, die dahinfließen.

Zwischen Raum und Zeit gebannt, gelangen wir in eine Art kosmischer Sackgasse. Wenn die Mathematiker uns außerhalb des Raumes führen, wenn sie an den kritischen Punkt kommen, an dem der Raum ihrem Forschen keine Antwort mehr gibt, lassen sie eine vierte Veränderliche auftreten, nämlich die Zeit, die in ihren Berechnungen das Gleichgewicht wiederherstellt und ihnen ermöglicht, sie fortzuführen, um alsdann erkennen zu müssen, dass die Zeit nichts anderes ist als Raum, der den Namen gewechselt hat. Es genügt also, dass der Raum einen neuen Namen annimmt, um Experimente möglich zu machen, die, anscheinend auf eine doppelte Täuschung gegründet, nichtsdestoweniger zu Wahrheiten gelangen, welche die Erfahrung dann bestätigt.

XXX.

Am entmutigendsten ist, dass die Zeit keinen festen und realen Punkt hat, an welchen wir uns halten können. Man weiß nicht, wo ihr Mittelpunkt ist. Den einen ist einzig und allein die Zukunft der feste Teil der Zeit; dem wird entgegnet, dass gerade die Zukunft der trügerischste Teil der Zeit sei, denn wie könnte das, was niemand kennt, unserem Geist einen Stützpunkt liefern? Den anderen ist die Vergangenheit der einzige feste Zeitteil. Allerdings hat die Vergangenheit ein Gesicht, das Zukunft und Gegenwart noch nicht aufweisen, aber sie existiert nicht mehr, sie ist nur das Bild einer Wirklichkeit, die nicht mehr ist und nicht wiederkehren kann. Noch anderen endlich ist dieser feste Teil einzig die Gegenwart. So benennen wir den Übergang von der Zukunft zur Vergangenheit. Aber dieser Übergang hat weder Ausdehnung noch Dauer. Er entzieht sich uns völlig. Bevor wir an sie denken, ist die Gegenwart noch Zukunft; sobald wir ihr unsere Aufmerksamkeit zuwenden, ist sie schon Vergangenheit. Sie entflieht noch geschwinder als alles, was ihr vorangeht oder folgt; und wir wissen nicht, woran wir unsere Hände, die ins Leere greifen, klammern sollen. „Was wir Gegenwart nennen," sagt sehr richtig Whitehead, „ist der lebendige Saum des vorgreifenden Gedächtnisses."

Wenn es nicht möglich ist, die kleinste Gegenwart auf dieser Erde festzuhalten, wie könnten wir da hoffen, die ewige, auf immerdar unbewegliche Gegenwart zu begreifen, die die einzige Wahrheit ist, das Grundrätsel der allumfassenden, allgemeinen und unendlichen Stabilität des Weltalls, der das andere, nicht weniger grundlegende Rätsel von der immerwährenden Bewegung und vom ewigen Werden entgegensteht?

Welche Wahl soll man zwischen diesen beiden Polen der Ewigkeit treffen, wofern die Ewigkeit, die unendlich ist, Pole haben kann?

XXXI.

Das sind die Mysterien, in deren Tiefe die vierte Dimension ruht. Sie ist nichts als ein Name für das unaussprechliche Unbekannte, der zugänglicher, menschlicher, handlicher, und vor allem neuer ist. Bis zu welchem Punkte existiert sie wirklich, und bis wann wird sie verfechtbar sein?

Hinton stellt uns vor folgende Alternative: Entweder es gibt vier Dimensionen, und wir haben nur eine dreidimensionale Existenz; oder aber wir besitzen wirklich vier Dimensionen, sind uns jedoch dessen nicht bewusst. Befinden wir uns nur in drei Dimensionen, während es in Wirklichkeit vier gibt, so müssen wir im Vergleich zu denen, die in vier Dimensionen leben, dasselbe sein, was die Linien und die Ebenen im Vergleich zu uns sind, nämlich reine Abstraktionen. In diesem Falle existieren wir einzig im Geist der Wesenheit, die uns begreift, und unsere Erfahrungen sind nichts anderes als deren Gedanken; ein Schluss, zu dem auf verschiedenen Wegen die meisten idealistischen Philosophen gelangen, und der sich bei der vollkommenen Unwissenheit, in der wir uns befinden, ebenso wohl vertreten lässt wie irgendein anderer.

Schließlich behauptet Hinton in einem Kapitel mit der Überschrift *Die Evidenzen der vierten Dimension*, im Gegensatz zu dem, was man uns von anderer Seite versichert, dass kein durch die Mathematik erklärtes Phänomen die Existenz der vierten Dimension beweist. Anderseits aber sind die „Evidenzen", die er anführt, nicht zwingend. Die erste dieser „Evidenzen", aus der die Symmetrie der Rechten und Linken entsteht, wird von ihm endgültig als unzureichend und nur in den Gebieten des Unendlich kleinen gültig abgelehnt. Andere Evidenzen, entlehnt von Kugeln aus elastischem Stoff, die auf verschiedenen Achsen kreisen, oder abgeleitet von elektrischen Strömen, bleiben sehr unklar, selbst bei Zuhilfenahme von Figuren, die wir hier nicht abbilden können und die im übrigen auf Geduldspiele wie das Spiel mit den „Tessaracten" hinauslaufen, die selbst Uspenski, trotz der Bedeutung, die er den Arbeiten des englischen Mathematikers beimisst, als zu „persönlich" preisgeben muss.

Übrigens gibt Hinton zu, dass wir niemals eine vierdimensionale Figur mit unseren körperlichen Augen wahrnehmen können, sondern nur mit Hilfe unseres inneren Auges, unter der Bedingung, dass wir die Fähigkeit erwerben, eine große Anzahl Einzelheiten im Gedächtnis zu bewahren. Das ungefähr ist – und diesen Zug werden wir bei mehr als einem Hypergeometer wiederfinden – die Sprache der großen Mystiker von Plotin, Ruysbroeck dem Wunderbaren, Jakob Böhme bis zur heiligen Therese, Jean de la Croix und vielen anderen, wenn sie vom Unaussprechbaren reden. In Wahrheit suchen sie unter anderen Formen und mit anderen Methoden dasselbe Unbekannte, denselben Gott.

XXXII.

„Wir müssen", sagt Hinton ferner, „von Natur aus vierdimensionale Wesen sein, sonst hätten wir keinen Begriff dieser Dimensionen," aber haben wir von Natur aus den Begriff der vierten Dimension? Erst die Mathematik und die Hypergeometrie haben die Notwendigkeit dieses Begriffes in uns entstehen lassen und ihn uns nach und nach aufgezwungen. Freilich sind, worauf ich vorher hinwies, die Mathematik und die Geometrie immer wieder wir selber, und wenn sie uns den Begriff der vierten Dimension aufzwingen, so ist es wenig wahrscheinlich, dass dieser Begriff von außen her kommen sollte. Wir haben noch keine wissenschaftliche Kenntnis von einem Wesen, das uns überlegen wäre. Dennoch scheint die höhere Mathematik den Beginn eines Beweises für dessen Existenz zu erbringen; aber, ich wiederhole es, das ist ihr nur möglich, weil diese Existenz sich schon und nur in uns selbst befindet. Bisher können wir nicht behaupten, dass irgendeine Hilfe uns aus einer anderen Sphäre gekommen sei, noch dass ein hilfreicher Hinweis die Abgründe des Jenseits durchquert habe, um zu uns hinabzusteigen. Über dieses Thema wird man später in dem Kapitel „Einsamkeit des Menschen" einige Betrachtungen finden, deren Entwicklung hier zu viel Raum einnehmen würde.

XXXIII.

Um die Zweifel, die bezüglich der Existenz einer vierten Dimension fortbestehen könnten, zusammenzufassen, weist uns der Astronom A. S. Eddingten in seinem bedeutenden Buch: *Space Time and Gravitation*, einer der besten Abhandlungen, die über diese Frage veröffentlicht worden sind, darauf hin, dass, welches auch immer der Wert und Erfolg der Theorie einer vierdimensionalen Welt sein mag, wir manchmal eine innere Stimme hören, die in der Tiefe unseres Geistes flüstert, dass wir sehr wohl wissen, diese vierte Dimension sei nur ein Widersinn. „Dieser Stimme", fügt er hinzu, „ist aber in letzter Zeit arg zugesetzt worden. Welch Widersinn zum Beispiel, zu behaupten, der massive Tisch, auf dem ich diese Zeilen schreibe, sei eine Sammlung von Elektronen, die sich mit phantastischer Schnelligkeit in leeren Räumen bewegen, die im Vergleich zu der Ausdehnung des Elektrons ebenso unermesslich sind, wie die Räume zwischen den Planeten des Sonnensystems! Welch Widersinn zu versichern, dass die unwägbare Luft sich bemüht, meinen Körper unter einem Gewicht von siebzehntausend Kilogramm zu erdrücken! Welch Widersinn, den Satz aufzustellen, dass die Handvoll Sterne, die ich in diesem Augenblick durch das Fernrohr sehe, ein Lichtstrahl sei, der vor fünfzigtausend Jahren ausgesandt wurde! Lassen wir uns durch diese Stimme nicht verführen; sie ist ganz und gar in Misskredit geraten."
„Fragt uns jemand," sagt er an einer anderen Stelle, „ob man nicht die vierdimensionale Welt als eine einfache Veranschaulichung mathematischer Verfahren ansehen muss, so dürfen wir nicht aus dem Auge verlieren, dass unser Fragesteller wahrscheinlich dabei einen Hintergedanken hat. Er glaubt an eine reale Welt mit drei euklidischen Dimensionen und hofft, weiter daran glauben zu können, ohne dabei gestört zu werden. In diesem Fall muss unsere Antwort kategorisch sein. Die reale dreidimensionale Welt ist abgetan und muss ersetzt werden durch eine Welt mit nichteuklidischen Eigenschaften, durch das vierdimensionale Raum-Zeitgebilde. Die vierdimensionale Welt ist nicht bloß ein mathematisches Abbild; es ist die wirkliche Welt der Physik, zu der man auf demselben Wege gelangt ist, den, zu Recht oder Unrecht, die Physiker immer eingeschlagen haben, um zur Wirklichkeit vorzudringen."

XXXIV.

Die Lage der Metageometrie ist der Lage der Metapsychologie vergleichbar. Die Metapsychologie sucht das Jenseits des Ich, vor allem das Jenseits des Todes – denn wir wissen noch nicht, ob die Toten in uns oder außerhalb von uns leben –, in Kundgebungen, von denen einige, zum Beispiel die Telepathie, heute wissenschaftlich anerkannt und eingeordnet sind; von denen andere, wie die Verbindung mit den Abgeschiedenen, umstritten bleiben. Sie hat in den Hauptpunkten erst Anfänge von Beweisen; und es ist wahrscheinlich, dass sie noch lange über diese Punkte nichts anderes besitzen wird, denn gewänne sie eine Sicherheit, so würde der ganze Charakter des Universums ein anderes Aussehen annehmen, und wir würden aufhören, das zu sein, was wir sind.
Die Metageometrie ihrerseits sucht das Jenseits unseres Raumes, die Natur desjenigen Raumes oder derjenigen nicht mehr subjektiven und konventionellen Räume, die uns umgeben und nur unsichere Beziehungen zu dem Raum haben, der von uns geschaffen ist oder sich in uns geschaffen hat; und sie will uns dadurch helfen, etwas von den Erscheinungen des Weltalls zu verstehen oder so zu tun, als ob wir es verstünden. Ihre Berechnungen haben sie in eine andere Richtung geführt, in Weiten, die sie unabhängig vom Menschen glaubt, und die jedenfalls aus einer anderen Übereinkunft oder einer anderen Selbsttäuschung herrühren. Auch sie besitzt nur Anfänge von Beweisen über die wesentlichen Punkte. Aber es hat wohl den Anschein, als entsprächen ihre so sicheren, so logischen und so entscheidenden Beweisführungen etwas Wirklichem, das sie sich jedoch nicht vorstellen kann, und das sich vielleicht nicht notwendigerweise in dem Raum befindet, in den sie es verlegt, sondern möglicherweise im Menschen selber, der dank der neuen Wissenschaft glaubt, aus sich herausgehen und endlich den Grenzen seines eingebildeten Ichs entweichen zu können.
Vielleicht wird sie zum physikalischen Beweis der vierten Dimension führen, wie die Metapsychologie uns zur Erkenntnis der Unsterblichkeit oder des Lebens nach dem Tode führen kann.

XXXV.

Was man auch davon halten mag, alles, was an den Grenzen unseres Seins flutet, ist packender und fruchtbarer als das, was sich in seinen

Niederungen oder in seiner Durchschnittsmitte befindet; und es ist keine verlorene Zeit, wenn man sich damit beschäftigt und diese Wellen erforscht, die heute heftiger branden denn je. Auf jeden Fall kann man von der Hypergeometrie sagen, dass es wahrscheinlich keine Wissenschaft gibt, die es wie sie ermöglicht, gewisse wichtige Punkte des großen Welträtsels so deutlich, ja beinahe körperlich zu befühlen.

Letzten Endes kann man, trotz unbestreitbarer, sich im Unsichtbaren entfaltender Phänomene fragen, bis zu welchem Grade die vierte Dimension für unser praktisches Leben von Bedeutung ist. Auf diese Frage gibt es noch keine sehr klare Antwort und wird es auch wahrscheinlich nicht so bald eine geben; denn gäbe es diese Antwort, so wäre ein außerordentlich interessanter Teil des Welträtsels gelöst und wir begännen, unter anderen Gestirnen zu atmen.

XXXVI.

Bisher brauchen wir also die vierte Dimension nur im Unendlich kleinen, im Hyperunsichtbaren, wo fast alles auf sie angewiesen ist; zuweilen auch im Unendlichgroßen, wo ohne ihre Hilfe, die dort einstweilen die Form der Zeit annimmt, sehr viele Dinge unerklärlich blieben; in den meisten elektromagnetischen Phänomenen und in fast allem, was mit der Relativitätstheorie im Zusammenhang steht. Wie Bergson sagt, der in seinem Buch *Duree et Simulianeite* diese Fragen in wertvoller, aber verwickelter Weise beleuchtet hat: „Der Begriff der vierten Dimension drängt sich sozusagen automatisch in die Relativitätstheorie ein, die Physik der Relativität ist genötigt, ihn in ihre Berechnungen aufzunehmen. Eine vierte Dimension," fügt er hinzu, „wird durch jede Verräumlichung der Zeit aufgedrängt." Nun ist aber die Zeit der Mathematiker notwendigerweise eine messbare, also eine verräumlichte Zeit.

Die Lage vom astronomischen Standpunkt aus zusammenfassend, erklärt wiederum Professor Whitehead in seinem *Concept of Nature:* „Es ist unbestreitbar, dass gewisse Schwierigkeiten hinsichtlich der Übereinstimmung subtiler Beobachtungen, wie zum Beispiel über die Bewegung der Erde durch den Äther, über die Sonnennähe des Merkur, über die Stellung der Sterne zur Nachbarschaft der Sonne erst dank der neuen Vorstellung Raum-Zeit gelöst worden sind. Das heißt, dank der vierten Dimension. Es ist übrigens, wie häufig bei dem vorwärtsführenden Weg, leicht möglich, dass allmählich die Notwendigkeit einer vierten

Dimension sich bis ins tägliche Leben hinein fühlbar macht, wo sie bereits in latentem Zustand besteht und wirkt. Es ist ratsam, sich auf ihre Bekanntschaft vorzubereiten, damit sie nicht plötzlich in unser Dasein tritt wie ein Eindringling, von dem wir nie haben reden hören."

XXXVII.

An dem Tage, an dem wir die vierte Dimension verstanden haben, an dem wir Gebrauch von ihr machen können, werden wir nahezu übermenschlich sein. Um uns über unsere Erhöhung annähernd klar zu werden, wollen wir versuchen, uns an die Stelle eines an seine zwei Dimensionen gewohnten Tieres zu versetzen – zum Beispiel eines Pferdes oder eines Hundes –, das, nach und nach in die uns vertraute dreidimensionale Welt vordringend, allmählich zum Menschen würde. Bisher hatte das Tier nur Flächen gesehen, denn auch wir sehen nur diese: Nur wissen wir, dass es hinter diesen Flächen eine andere Dimension gibt.

Von dem Augenblick an, wo ein Schimmer von dem Begriff der Festkörper in sein Tiergehirn dringt, sobald es um ein Haus oder einen Haufen Heu herumgeht, sich einem Gefäß oder einem Kehrichtkasten von der Seite her nähert, werden sich diese Dinge, zu seinem großen Erstaunen, nicht mehr bewegen, sich nicht mehr um sich selbst zu drehen scheinen. Die ganze Welt der festen Körper, also ziemlich alles, was existiert und was es unaufhörlich in Bewegung sah, da es alle Bewegungen, die es selber ausführte, ihm zuschrieb, erstarrt plötzlich in tragischer Weise. Sein Weltall wird von Grund auf verändert, unkenntlich, bedrohlich und für eine bestimmte Zeit unbewohnbar sein; und die bescheidene, kleine, ererbte und erfahrungsmäßige Logik, im Vertrauen auf die es ruhig dahingelebt hatte, wird plötzlich auf den Kopf gestellt sein.

Man bedenke, dass auch wir dieser Täuschung des Tieres, für das sich jeder Schritt in Bewegungen umsetzt, die es seiner Umgebung zuschreibt, unterliegen oder unterlagen, doch nur von einem bestimmten Schnelligkeitsgrad ab. Befinden wir uns zum Beispiel in einem Schnellzug, so kommt die Landschaft deutlich auf uns zu, dreht sich in wechselnden Ebenen, dringt gebieterisch in unser Abteil ein. Hinter dem sich in rasender Eile abrollenden Band der Hecken flieht ein Dorf dahin, der etwas entferntere Kirchturm hinkt hinterdrein. Eine im Gras lagernde Kuh schafft neunzig Kilometer in der Stunde, und so fort. Eine lange Gewöhnung hat uns gelehrt, diesen Irrtum unserer Augen instinktmäßig zu berichten, wir tragen ihm nicht mehr Rechnung. Wie Lafontaine sagt: „Stets uns belügend, täuschen sie uns nie."

Nichtsdestoweniger können Ausnahmeumstände bisweilen die atavistische Täuschung wieder aufleben lassen. So erinnere ich mich, dass in den Anfängen der Automobilzeit, vor einigen dreißig Jahren, alle, die die erste Trunkenheit der großen Autofahrten kennenlernten, in gleicher Weise Felder, Bäume, Hügel sich beleben sahen. Den naiven Beweis dafür finde ich auf einer Seite des Double Jardin, der im Jahre 1904 veröffentlicht, 1901 aber geschrieben wurde, wo ich in lyrischer Weise die Straße besang, „die in rhythmischer Bewegung auf mich zukam, bald aber hüpfend, toll geworden, mir in schwindelndem Ansturm entgegenstürzte, während die Bäume am Rande des Weges herbeieilten, die grünen Köpfe zusammensteckten, eine geschlossene Kolonne bildeten und sich verschworen, mir den Weg zu versperren."

Das waren unschuldige und primitive Gemütsbewegungen, dem jetzigen, im Automobil geborenen Geschlecht unbekannt. Sie wurden mir in bescheidenem Maße durch einen kleinen Dionwagen mit dreieinhalb Pferdestärken und stets besetzen Plätzen vermittelt, der, wenn ein wohlwollender Abhang ihm zu Hilfe kam, dreißig Kilometer in der Stunde fuhr.

XXXVIII.

Wahrscheinlich wird in unseren Gewohnheiten eine gleichartige Umwälzung eintreten wie bei dem Tier, wenn wir – nach dem Vorbild des problematischen Vierfüßlers, der sich zum Herrn des Begriffs der festen Körper machen würde – den Begriff des Hypervolumens uns zu eigen gemacht haben, von dem wir bisher nur eine sehr ungenaue Vorstellung besitzen; wenn wir endgültig von der Mathematik mit endlichen und konstanten Zahlen, der euklidischen Geometrie, der aristotelischen Logik zur Mathematik mit Zahlen jenseits der Unendlichkeit, zur Hypergeometrie und zur Logik des Universums übergegangen sind, von denen wir bisher nur ein Vorgefühl haben.

Wird das Tier eines Tages den Begriff der dritten Dimension erwerben, und werden wir endlich die Wahrheit der vierten Dimension kennenlernen? Auf einem Planeten, der noch Tausende, ja sogar Millionen von Jahren vor sich hat, ist das eine nicht unmöglicher als das andere.

XXXIX.

Vorläufig zeigt uns all das, wie schwer es ist, einen Augenblick aus uns selbst herauszugehen, uns ein höheres Wesen vorzustellen, das nicht so begrenzt ist wie wir. Aber so schwach der erspähte oder nur erhoffte und erträumte Lichtschimmer auch sein mag, nach ihm zu streben ist das größte, das edelste Bemühen, das der Mensch bis zu seinem Tode aufzubringen vermag.

Alles in allem ist die wahrscheinlichste und haltbarste Hypothese die, nach der man – wenn es für die dem Menschen untergeordneten Wesen nur eine oder zwei Dimensionen gibt, während wir deren drei kennen – annehmen kann, dass für ein Wesen, das uns überlegen wäre, was nur zu leicht vorstellbar ist, oder für uns selbst, nachdem wir uns genügend über uns selber erhoben haben, es notwendigerweise mehr als drei Dimensionen geben wird.

Ebenso übrigens wie der Punkt in der Linie enthalten ist, die Linie in der Fläche, und die zweidimensionalen Wesen, ohne es zu ahnen, bereits in der dritten Dimension leben, ebenso dringt in dem Zustand, in dem wir uns befinden, die vierte Dimension unter dem Druck der Unendlichkeit von allen Seiten allmählich in unser Dasein ein. Das Axiom von den drei Dimensionen reicht nicht mehr aus, um die molekularen oder atomischen Phänomene zu erklären, während die Berechnungen, in welche die vierte Komponente eintritt, ihnen folgen oder sie voraussehen. Es sei bei dieser Gelegenheit bemerkt, dass wir zu sehr geneigt sind, diese Durchdringungen durch das Unendlichkleine unbeachtet zu lassen, obgleich sie an sich genau ebenso wichtig sind wie die Durchdringung durch das Unendlichgroße. Aber unser Denken reicht viel weniger weit, ist unvergleichlich begrenzter im Unendlichkleinen, dem sozusagen konkaven Teil der Unbegrenztheit, deren konvexer Teil das Unendlich große wäre. Unsere Einbildungskraft wird sofort durch das Unsichtbare gelähmt, das sogar das Mikroskop kaum gewahrt und das sich für uns in nichts auflöst. Aber gerade da kommt die Mathematik uns viel öfter und viel beweiskräftiger zu Hilfe als im Unendlichgroßen.

Was für die atomistischen oder molekularen und die elektro-magnetischen Phänomene gilt, gilt gleichfalls für die Phänomene des Lebens, die Bewegungen in einem höheren Raum sind, und für gewisse, jenen benachbarte chemische Phänomene. Ebenso verhält es sich mit einigen Phänomenen des Unendlichgroßen im Hyperraum. Ebenso auch mit einigen

Zuständen der Materie, die uns durch die Metapsychologie offenbart werden. Ebenso endlich mit einem ganzen Teil unseres geistigen, künstlerischen Lebens und unseres Gefühllebens, das unaufhörlich von der dritten zur vierten Dimension übergeht. Bereits heute geht unser Schatten, der unsere wirkliche Gegenwart ankündigt, in dieser Dimension um, obgleich wir es kaum ahnen und nicht wissen, bis zu welchem Grade sie unter anderen Namen, besonders unter dem Namen Ideal in unserem Denken, unseren Leidenschaften, unserer Ästhetik, unserem Unterbewusstsein auftritt, wo so viele Dinge unerklärt bleiben. Vermag erst unser Körper, dem uns voraufgehenden Schatten zu folgen, so werden wir wirklich anfangen, auf dieser Erde zu leben; und dieser Augenblick mag weniger fern sein als man denkt.

Träume.

Mehr als ein Drittel unseres Lebens spielt sich bereits in einer Region ab, in der nicht mehr die schweren Gesetze auf uns lasten, die unser dreidimensionaler Raum uns aufbürdet. Wir sind uns dessen offenbar nicht bewusst, dass eine neue Richtung in der Unendlichkeit uns die Türen zu einer Welt geöffnet hat, in der wir bei Tage nicht verweilen; doch handeln wir, als wären wir nie die Sklaven von Ausdehnung und Dauer gewesen. Ohne darüber zu erstaunen, befinden wir uns gleichzeitig in weit auseinanderliegenden Orten, die Materie wird durchlässig, geschmeidig wie Luft, die Schwerkraft ist aufgehoben, Vergangenheit und Zukunft verschmelzen zu ein und derselben Gegenwart, unsere gewöhnliche Logik ist vollständig über den Haufen geworfen; ganz zu schweigen von einer Menge anderer anomaler Manifestationen, deren Aufzählung zu lang wäre.
Die Untersuchung der Traumphänomene scheint noch nicht über das Stadium der tastenden Hypothese hinausgekommen zu sein. Doktor Vaschide unterrichtet uns in seinem bedeutenden Buche *Der Schlaf und die Träume* über den Stand der Frage. Er analysiert zusammenfassend die Arbeiten der großen Traumdeuter, namentlich die von Alfred Maury, Mourly Vold, Max Simon, Ph. Tissie, Goblot und Freud, für den bekanntlich jeder Traum nur die verschleierte Erfüllung eines verdrängten Wunsches ist, und schließlich die alle anderen überragenden des Marquis d'Hervey de Saint-Denis.
Die Forschungen des Marquis d'Hervey haben weniger von sich reden gemacht als die des Vaters der Psychoanalyse, aber sie sind straffer durch-

geführt, und ihre Schlussfolgerungen vor allem sind unendlich weniger gewagt. Zunächst bemüht er sich, das Traumgedächtnis zu pflegen, und erreicht nach sechsmonatiger Spezialausbildung, dass er sich regelmäßig im Augenblick des Erwachens der Träume der Nacht entsinnt. Von dem Grundsatz ausgehend, dass während des Schlafes weder Aufmerksamkeit noch Wille ausgeschaltet sind, versucht er alsdann, seine Träume zu lenken. Da er mit besonderen Fähigkeiten begabt ist, gelingt ihm das bis zu einem gewissen Grade, doch um den Preis von Anstrengungen, die wenig angetan sind, denen, die seinen Spuren folgen möchten, Mut zu machen.

Hat man diese gelehrten und scharfsinnigen Untersuchungen gelesen, so erkennt man, dass das geheimnisvolle Reich der Träume, das fast die Hälfte unseres Lebens einnimmt, bisher keines seiner wichtigsten Geheimnisse preisgegeben hat.

Wenn ich einen Augenblick dabei verweile, geschieht es nur unter dem Gesichtspunkt der Beziehungen zwischen Traum und Zukunft, einem Gesichtspunkt, den diese Gelehrten nicht einmal gestreift haben, und der vielleicht interessanter ist als die meisten von ihnen untersuchten, der sich auf jeden Fall ebenso gut vertreten lässt.

Vor einiger Zeit hat der englische Schriftsteller J. W. Dunnes in seinem kleinen Buch *An Experiment with Time* die Frage wieder aufgegriffen. Der Hauptzweck dieses Werkes ist, den Begriff der Zeit, als vierte Dimension betrachtet, zu klären, denn jeder Körper dehnt sich ebenso wohl in der Zeit aus wie im Raum. Dieser zu wissenschaftliche, zu abstrakte und wahrscheinlich angreifbare Deutungsversuch kann nur Fachleute interessieren. Ist man in Arbeiten dieser Art nicht bewandert, so kann man ihm schwer folgen, und was man ihm entnimmt, scheint letzten Endes mehr ein Wortgetön zu sein, als wirklichen Wert zu haben.

Um seine These zu stützen, bedient sich J. W. Dunnes fast ausschließlich der Traumprämonitionen. Jeder, der ein wenig Metapsychologie getrieben hat, weiß, was man unter prämonitorischen Träumen versteht. Ich habe davon ausführlich genug in meinem Buch *L'Hote Inconnu* gesprochen, wo sie den Gegenstand einer *La Connaissance de l' Avenir* überschriebenen Untersuchung bilden. Solche mehr oder weniger prophetischen Träume oder Traumbilder sind von jeher in der Geschichte verzeichnet worden und werden nicht mehr ernsthaft bestritten. Ernest Bozzano hat unter Benutzung von Arbeiten der *Society for Psychical Research* und unter Hinzufügung der Ergebnisse seiner persönlichen Untersuchungen in seinem Buche, das den Vorahnungen gewidmet ist, etwa tausend Fälle von Wahrträumen vereinigt, von denen er hundertsechzig näher behandelt, nicht so sehr, weil er die meisten anderen für weniger beachtenswert hält, wie um nicht zu sehr die normalen Grenzen einer Monographie zu überschreiten.

Diese hundertsechzig Fälle sind so streng wie möglich nachgeprüft worden. Es liegt in der Natur der Erscheinungen, von denen sie berichten, dass sie fast ausschließlich auf Erzählungen derer beruhen, die als Schauspieler oder Statisten in ihnen mitgewirkt haben, also auf menschlichen Zeugnissen, denen man immer misstrauen kann. Aber das hieße auf jede Gewissheit und Wissenschaft verzichten, die nicht in Laboratorien oder mathematischen Operationen erworben wird, mit anderen Worten, auf drei Viertel dessen, was wir wissen. Überdies sind einige der Fälle durch schriftliche Beweise belegt, namentlich ein von Th. Flournoy, Professor der Naturwissenschaftlichen Fakultät Genf, in seinem bedeutenden Werk *Esprits et Mediums* erwähnter. Die Poststempel geben das genaue Datum eines von Genf nach Kasan geschickten Briefes an, in dem eine Freundin Professor Flournoys, Frau Buscarel, mit Einzelheiten, die jeden Gedanken an ein zufälliges Zusammentreffen ausschließen, einen Traum erzählt, der ein tragisches Ereignis ankündigt, welches erst sieben Tage später eintrat.

Es wäre also nur systematische und kindische Ungläubigkeit, wollte man nicht anerkennen, dass es den prophetischen Traum gibt, dass es ihn stets gegeben hat, und dass er endgültig zu den vertretbarsten Errungenschaften der Metapsychologie zählt.

Bevor wir weitergehen, wollen wir uns zwei Grundsätze, über die sich die meisten Gelehrten einig sind, nochmals vor Augen führen, nämlich erstens, dass es keinen Schlaf ohne Traum gibt. In der Tat ist es wenig wahrscheinlich, um nicht zu sagen unmöglich, dass das Gehirn während des Schlafes, so fest er auch immer sei, vollständig zu funktionieren aufhört. Es fährt fort, seine Lebensaufgabe zu erfüllen, wie das Herz fortfährt, zu schlagen, die Lungen, dem Blut frische Luft zuzuführen, der Magen, zu verdauen, die Leber und die Nieren, die Abfälle und Gifte auszuscheiden, usw. Um darüber Gewissheit zu erlangen, ließ sich der Marquis d'Hervey zu verschiedenen Zeitpunkten seines Lebens 160 mal während des ersten Schlummers aufwecken, namentlich während 34 aufeinanderfolgender Nächte, und immer stellte er fest, dass sein Denken auf irgendein Traumbild gerichtet war.

Wenn wir glauben, traumlos geschlafen zu haben, so haben nicht etwa die Träume gefehlt, sondern die Erinnerung an sie hat sich beim Erwachen plötzlich und völlig verflüchtigt. Wir alle haben zahllose Male feststellen können, dass das Gedächtnis für das, was im Traume vorgeht, ganz eigener, oberflächlicher Art ist, als käme es nicht aus den Quellen des Lebens, sondern sei flüchtiger, unbeständiger, und als fegte der erste Lichtstrahl den Dunst dieser Träume mit einem Schlage fort. Ich bin sogar überzeugt davon, dass wir niemals Kenntnis von einem Traum aus tiefem Schlaf haben. Wir erfassen nur die Überbleibsel der Träume, die am Saume des Erwachens nisten.

Man muss sich außerdem vor der Willfährigkeit des Traumgedächtnisses hüten. Jedem geringsten Wunsch, jeder selbst unbewussten Beeinflussung gibt es sogleich nach und strömt über von dem, was wir dunkel wünschen.

Wie dem auch sei, die Erinnerung an sehr wenige Träume, selbst an die klarsten, überraschendsten, die man sich zur Vorsicht gleich nach dem Erwachen wörtlich hersagt, bleibt auch nur bis zur Mitte des Tages haften, und gegen Abend ist jede Spur davon geschwunden. Diese Eigentümlichkeiten sind zu bekannt, als dass es nötig wäre, bei ihnen zu verweilen.

Der zweite, für die Fachleute feststehende Grundsatz ist der, dass es möglich ist, das Traumgedächtnis zu pflegen wie das gewöhnliche Tagesgedächtnis. Vielleicht wird man einmal auf andere Weise dahin gelangen; aber vorläufig besteht das einfachste Mittel darin, ganz brav bei jedem Aufwachen in der Nacht den Traum, der uns soeben verließ, schriftlich niederzulegen. Nach ziemlich kurzer Zeit gehorcht das Gedächtnis dieser ungewohnten Anforderung, und man kann die verwickeltsten Träume rekonstruieren und wiederbeleben. Seltsamerweise scheinen sie, geschmeichelt von der Ehre, die man ihnen antut, geregelter und zusammenhängender zu werden, mit einem Wort, sich wie Kinder, die sich beaufsichtigt fühlen, besser zu halten. Vor allem kann man feststellen, dass sie sich auf ungewöhnliche Art vermehren, wohl weil viel weniger von ihnen verlorengehen.

Beiläufig sei erwähnt, dass eine Statistik von Sarah Weed und Florence Hallam feststellt, dass von 100 Träumen 58 peinigend und 26 angenehm sind, der Rest ist gleichgültig; dass also das Unglück, wie im Tagesdasein, das Glück überwiegt.

Welches Interesse, wird man fragen, hat man daran, Träume zu behalten und anzuregen, heute, da wir nicht mehr an Vorbedeutungen glauben und da die Traumdeutung, die die Oneiroskopie, die Oneirokritik und die Teratoskopie umfasste, mit dem gleichen Recht wie die Ornithomantie oder das Studium des Vogelflugs und die Astrologie auf dem Friedhof der endgültig toten und vergessenen Wissenschaften begraben ist.

Das hieße allerdings seine Zeit verlieren, obgleich nicht alles in der Oneirokritik und der Teratoskopie, den Künsten, die Symbole und Wunder unserer Träume zu entwirren und zu deuten, in gleicher Weise verdammenswert ist. Aber der Fall liegt anders. Die Träume entspringen einem Organ oder einer Vereinigung von Organen, die sich in wachem Zustand fast vollständig unter der Kontrolle unseres Bewusstseins oder unserer Vernunft befinden, also des Teiles unseres Ichs, der sich eifersüchtig vom übrigen Weltall, zu dem er nur noch dürftige, schwankende und streng überwachte Verbindungen unterhält, unterschieden und abgetrennt hat. Im Schlaf bekommt dieses Organ, von dem die eigentliche Vernunft vielleicht nur ein parasitärer und tyrannischer Auswuchs ist, mehr oder weniger seine Unabhängigkeit zurück, entschlüpft den Hauptfesseln der Persönlichkeit, irrt nach seinem Belieben oder aufs Geratewohl in der Unbegrenztheit umher, setzt sich wieder in Beziehung zu allem, dem sich zu nähern ihm verboten ist, aus Furcht, es könne sich damit vermischen; und verliert vor allem den Begriff der beiden Illusionen, die zur Aufrechterhaltung unseres kleinen persönlichen Lebens am notwendigsten sind, Illusionen, die uns überall die Wirklichkeit des ewigen überall, der ewigen Gegenwart verschleiern, und denen wir die Namen Raum und Zeit gegeben haben.

Nun erlauben eben erst begonnene Versuche bereits festzustellen, dass das durch den Schlaf befreite Gehirn bei seinen Wanderungen in der ewigen Gegenwart, der wirklichen Zeit, ebenso viel Zukunft wie Vergangenheit antrifft. Es lässt sie in eins verschmelzen. Es sieht nicht mehr die imaginäre, aber starre Linie, die sie im Namen der Vernunft trennt. Es unterscheidet nicht mehr, was wir getan haben, von dem, was wir tun werden, was sich noch nicht erfüllt hat von dem, was uns bereits betroffen hat, und ohne sich darüber Rechenschaft zu geben, kommt es ebenso beladen mit Prophezeiungen wie mit Erinnerungen zu uns zurück. Uns liegt es ob, Auslese zu halten in dem, was es gesammelt hat, wie die Biene Blütenstaub aus den Blumen sammelt, und zu lernen, aus den Warnungen, die es in buntem Durcheinander mit Gewissensqualen und Reue ausschüttet, Nutzen zu ziehen.

Deshalb maßen die Alten, die in den Formen, die sie damals annahm und übrigens heute noch annimmt, jene instinktive, dunkle, unzusammenhängende, aber fast unbegrenzte Weisheit zu entdecken und zu ehren wussten, die wir heute das Unterbewusstsein nennen, den

Traumoffenbarungen ebenso viel Bedeutung bei wie den Beobachtungen der Sterne. Mehr mit Phantasie als mit wissenschaftlicher Methode begabt, übertrieben sie, wie stets, verallgemeinerten blind und irrten auf ziemlich kindische Weise; aber auf dem Grunde ihres Irrtums verbarg sich, auch wie stets, wahrscheinlich eine Wahrheit. Nach dieser Wahrheit zu forschen müsste lohnend sein. Bevor sie anerkannt werden kann, wird sie sich peinlich genauen Experimenten unterwerfen müssen.

Diese Experimente werden sich auf die bescheidenen Träume des Alltags beschränken. Gewiss macht ein großer, prophetischer Traum, wie der von Bozzano berichtete Traum des Ritters Giovanni de Figueroa, der in den Berichten der metapsychischen Gesellschaften eine so große Rolle spielt, mehr Eindruck; aber Träume dieser Qualität sind ziemlich selten, und ihre Echtheit kann stets angezweifelt werden. Wenn wir die geringfügigsten prophetischen Nebenumstände unserer kleinen allnächtlichen Träume gewissermaßen anregen, sie aufzeichnen und genau analysieren, so wird unsere persönliche Erfahrung uns bald davon überzeugen, dass die Zukunft bereits in der Gegenwart enthalten ist; dass das, was wir noch nicht getan haben, bereits irgendwo erfüllt ist; dass zum Beispiel eine Flasche – wie man ein wenig später sehen wird –, die zufällig umgestoßen wird, bereits an derselben Stelle seit wer weiß wie lange fiel; und das ist die heilsamste, ja einzige Art, eine Überzeugung zu gewinnen und sie nutzbar zu gestalten.

Als Beispiel folge hier eine der von J. W. Dunnes aufgezeichneten Erfahrungen. Er jagt eines Tages auf einem Terrain, das ihm nicht vertraut ist und gerät, da er die Grenzen des Besitztums nicht genau kennt, in Felder, die nicht mehr dazugehören. Aus einiger Entfernung wird er von zwei Männern heftig zur Rede gestellt, die sich anschicken, ihn zu verfolgen und einen wütend bellenden Hund auf ihn hetzen. Eilig tritt er den Rückzug an, findet in der Mauer eine Pforte, und es gelingt ihm zu entschlüpfen, ehe man ihn erreichen konnte.

Am selben Abend blättert er in seinem Traumheft und findet am Ende einer Seite folgende Aufzeichnung: „Von zwei Männern und einem Hund verfolgt," Diesen Traum hatte er zwei Tage vor dem wirklichen Auftritt, hatte ihn vollkommen vergessen und konnte ihn erst rekonstruieren, nachdem er die Zeile wiederfand, die ihn kurz schilderte.

Auf J. W. Dunnes Ersuchen bemühte sich eine seiner Cousinen, Miß B., die behauptete, niemals zu träumen, sich wenigstens auf den Gedanken im Augenblick des Erwachens zu besinnen und dem Ursprung dieses Gedankens nachzugehen. Das Verfahren gelang ausgezeichnet, und während sechs aufeinanderfolgender Tage vermochte Miß B. sich an ihren täglichen Traum zu erinnern; ich erwähne nur einen dieser Träume, der ziemlich auffällig ist.

Bei ihrer Ankunft in einem ländlichen Gasthof hört sie von einer Frau, die verdächtigt wird, deutsche Spionin zu sein (es war am Ende des Krieges). Kurz danach begegnet sie dieser Frau in dem Hotelgarten, der so groß ist, dass er leicht für eine öffentliche Gartenanlage gehalten werden konnte. Die Frau trug einen schwarzen Rock, eine schwarz-weiß gestreifte Bluse, und ihre nach hinten gekämmten Haare waren auf dem Wirbel des Kopfes zusammengenommen zu einem „bun", wie die Engländer sagen.

Zwei Tage zuvor hatte Miß B. ihrem Vetter eine Aufzeichnung mit der kurzen Schilderung eines Traumes geschickt, in dem sie in einem öffentlichen Garten einer Deutschen begegnet war, die einen schwarzen Rock, eine schwarzweiß gestreifte Bluse trug, und die in gleicher Weise die Haare zurückgestrichen und auf dem Wirbel des Kopfes zu einem „bun" zusammengenommen hatte.

Es muss hinzugefügt werden, dass J. W. Dunnes und Miß B. verabredet hatten – meiner Ansicht nach sehr willkürlich –, dass das angekündigte Ereignis sich im Verlauf von zwei Tagen verwirklichen müsste, andernfalls nicht zähle, und als nicht eingetreten angesehen werden solle.

Es sei mir nun erlaubt, drei kleine Träume zu erwähnen, die mich unter anderen, doch weniger bedeutungsvollen, in der kurzen Zeit, seit ich mich mit der Frage beschäftige, heimgesucht haben. Ich schicke voraus, dass sie keinerlei Interesse bieten, nicht viel beweisen, ja sogar ein wenig lächerlich sind. Ist erst die Aufmerksamkeit meines Lesers geweckt, so wird er sicherlich selber viel beweiskräftigere Träume haben. Ist es mir, der ich jeder metapsychischen, jeder para- oder supranormalen Gabe bar bin, gelungen, irgendetwas auf diesem Gebiete zu erreichen, so darf jeder das gleiche für sich erhoffen. Schon die Armseligkeit meiner Träume ist ein Beweis für ihre Glaubwürdigkeit, denn niemandem könnte es einfallen, so jämmerliche Träume zu erfinden; der dümmste. Schuljunge würde es besser machen.

Ich träumte also, eine Flasche mit Wasserstoffsuperoxyd befände sich auf einem dreibeinigen Tischchen in einer Ecke des Ankleidezimmers. Ein Tischbein ruhte auf einem modefarbenen Teppich, die bei den anderen auf den provenzalischen Steinfliesen. Durch eine falsche Bewegung stieß ich beim Vorbeigehen mit dem Knie an das Tischchen, die Flasche fiel um, kam ins Rollen und fiel auf die Fliesen, wo sie zerbrach. Das

Wasserstoffsuperoxyd ergoss sich über den Teppich, der zu rauchen anfing, als habe er Feuer gefangen. Regungslos, völlig verdutzt, sah ich der Vernichtung meines Teppichs zu, ohne irgend etwas zu seiner Rettung zu unternehmen.

Beim Erwachen zeichnete ich den Traum kurz auf, ohne ihm die geringste Bedeutung beizumessen, und stellte im Übrigen fest, dass auf dem Tischchen keine Flasche stand, und dass der eine Fuß nicht auf einem modefarbenen Teppich, sondern auf einer leuchtend roten Matte stand.

Drei Tage später – ich hatte meinen Traum vollkommen vergessen – kaufte ich einen halben Liter Schwefelsäure, die ich für meine Akkumulatoren brauchte, und setzte die Flasche auf dem Tischchen ab, das ich wenige Stunden später beim Vorbeigehen anstieß. Die Flasche kam ins Rollen, fiel hin und zerbrach. Die Matte, die ein wenig feucht war, begann tüchtig zu rauchen, und erst in diesem Augenblick erinnerte ich mich plötzlich des Traumes, der seiner Verwirklichung drei Tage vorausgegangen war.

Zwei Irrtümer werden auffallen: Der modefarbene Teppich aus dem anschließenden Schlafzimmer, in den sich die rote Matte verwandelt hat, und die Schwefelsäure, die an Stelle des Wasserstoffsuperoxyds tritt. Dieser letzte Irrtum ist ziemlich merkwürdig, denn das auf den Teppich fließende Wasserstoffsuperoxyd hätte keinen Rauch oder Dampf entwickeln können. So trägt die chemische Wirklichkeit den Sieg selbst über das Trugbild des Traumes davon.

Solche Irrtümer oder Ungenauigkeiten kommen bei Träumen, die in die Zukunft weisen, häufig vor, ebenso häufig übrigens in solchen, die Bezug auf die Vergangenheit haben und durch phantastische Veränderungen oft unerkennbar werden. Wir wissen es alle, dass nichts unlogischer, entstellender, verwirrender ist als Träume, oder vielmehr als das Unterbewusstsein oder der Unbekannte Gast, der sie erzeugt und auf Wegen leitet, die die Vernunft selten aufsucht.

In einer anderen Nacht träumte ich, ein Teil der Mauer meines Gartens in Nizza stürze ein und seine Trümmer versperrten die Kegelbahn zu ihren Füßen. Fünf Tage später wirft ein Wirbelsturm, wie er manchmal in unserer Gegend vorkommt, einen anderen Teil der Mauer um, der senkrecht zu der in meinem Traum eingestürzten Mauer stand, und die Trümmer verschütten die zum Gitter führende Allee. Ich gebe übrigens zu, dass hierbei wahrscheinlich nur ein einfaches Zusammentreffen vorliegt, und dass der Vorfall nicht viel beweist, auch habe ich ihn nur aus Gewissenhaftigkeit niedergeschrieben.

Eine weitere Nacht endlich träume ich, dass ich in Belgien, in der Absicht, auf einem abgekürzten Weg nach Gent zu gelangen, in eine Stadt komme, die ich nicht wiedererkenne. Ein junger Mann an einer Kirchentür teilt mir höflich mit, dass ich mich in Brügge befinde. Ich will in die Kirche hinein, aber ohne dass ich weiß weshalb, verbietet er mir strengstens den Eintritt. Wir plaudern, und er erzählt mir, er sei der Sohn eines meiner Jugendfreunde. Da ich seit einigen zwanzig Jahren diesem Freund selten begegnet bin, hatte ich seinen Sohn nie gesehen. Schließlich schießt aus der Kirche eine Art Autobus hervor, in den der junge Mann einsteigt. Der Autobus hüpft davon wie ein Känguruh, nimmt leichtsinnigerweise eine Kurve im rechten Winkel und stürzt um. Die Mehrzahl der Fahrgäste ist verletzt, und ich bemerke unter ihnen den Sohn meines Freundes. Dann verflüchtigt sich alles in unzusammenhängenden und sinnlosen Umständen. Etwa einen Monat später treffe ich besagten Freund. Nach kurzer Unterhaltung teilt er mir mit, dass sein Sohn, den ich als kleinen Jungen gekannt habe, vor drei Wochen einen Autounfall erlitten habe; sein Wagen, den er selber führte, sei bei einer Kurve umgestürzt. Außer einer Kopfwunde und scharfen Abschürfungen habe er einen Bruch des rechten Ellenbogens und Unterarmes dovongetragen. Er sei noch nicht völlig wiederhergestellt, werde aber ohne Schaden davonkommen. Im Augenblick stelle ich noch keine Beziehung her zwischen dem Unfall und dem vollkommen vergessenen Traum. Erst zu Hause angelangt, streift mich ein Schimmer von Erinnerung. Ich sehe in meinem Notizbuch nach und erfahre, nachdem ich meinem Freund geschrieben habe, dass das Ereignis sich zwei Tage nach meinem Traum zugetragen hat.
Man wird zugeben, dass das Verhalten des Traumes – oder Unterbewusstseins – unerwartet und unbegreiflich ist. Er kündigt mir 48 Stunden vorher einen Unfall an, der an einer Wegbiegung einen für mich nicht mehr existierenden jungen Mann erwartet, und gibt mir die Vision dieses Unfalls, wobei er fast alle näheren Umstände verändert. Ich wage es nicht, dieses Rätsel erklären zu wollen.
Im Übrigen – dies kann nicht häufig genug wiederholt werden – erheben diese kleinen Anekdoten keinen Anspruch darauf, irgendjemand überzeugen zu wollen. Es ist sehr wohl möglich, dass nur zufällige Zusammentreffen vorgelegen haben, und es ist durchaus erlaubt, sie anzuzweifeln. Man wird ihnen erst Glauben schenken, wenn gleiche Träume, die man hervorgerufen hat oder deren man sich wenigstens erinnern kann, wie ich mich der meinigen erinnert habe, beweisen werden,

dass solche Anekdoten möglich und weniger selten sind, als man glaubt.
Das Wichtigste ist, dem Traumgedächtnis zu Hilfe zu kommen. Ich glaube, man wird die Erfahrung machen, dass es sich ziemlich leicht entwickelt. Doch darf man sich nicht auf Wunder gefasst machen, nicht auf irgendeinen jener außergewöhnlichen, weissagenden Träume, von denen die metapsychischen Zeitschriften voll sind. Ich würde das auch keinem wünschen, denn die weissagenden Träume, wie die großen Prophezeiungen, künden niemals glückliche Ereignisse an. Man muss sich eben sagen, dass in einem normalen Leben nicht jeder Tag ein sensationelles oder auch nur erwähnenswertes Ereignis bringt; und wenn sich nichts ereignet, kann der beste Prophet nichts verkünden.
Er muss, um seine Gaben entfalten zu können, im Mittelpunkt eines außerordentlich bewegten Daseins stehen, sonst aber sich damit zufrieden geben, in den Geheimnissen der Zukunft einen bellenden Hund, eine umgeworfene Flasche oder eine eingestürzte Mauer zu entdecken. Das ist um so wahrscheinlicher, als unser Unterbewusstsein, dem wir bis auf weiteres diese Ausflüge ins Unbekannte zuschreiben, sich nur für die kleinen Ereignisse, die seinen vergänglichen Wirt betreffen, zu interessieren, und sich in keiner Weise um allgemeine Ideen und Weissagungen größeren Umfangs zu kümmern scheint. Verachten wir dieses Vorauswissen nicht, weil es sich nur an kleine Dinge heftet. Man könnte behaupten, dieses Vorwissen sei um so auffälliger, je unbedeutendere Dinge es betrifft. Wird erst die Fähigkeit als möglich angenommen, so ist es nicht weiter überraschend, dass mit ihr eine Katastrophe, die ein ganzes Feld der Zukunft einnimmt, wahrgenommen und vorausgesagt werden kann. Aber in der Zukunft eine fallende Flasche zu sehen, verlangt besondere Augen, und setzt eine viel ungewöhnlichere Präexistenz der Gegenwart voraus.
Man glaube ferner nicht, die Träume hätten vor allem die Aufgabe, mehrere Tage vorher das Gute oder Böse, das uns erwartet, zu verkünden. Wozu sie dienen, ist noch unbekannt, doch scheinen sie sich kaum darum zu kümmern, ob das, was sie uns künden, uns zum Nutzen gereicht. Sie benachrichtigen uns nur zufällig und achtlos. Deshalb wird man unter hundert wieder ins Gedächtnis gerufenen Träumen vielleicht nicht mehr als zwei oder drei Zukunftsparzellen entdecken. Und der daraus zu ziehende Nutzen wird praktisch gleich Null sein, da es sehr schwer, ja unmöglich ist, im Augenblick zu entwirren, ob das, was in die Zukunft zu gehören scheint, nicht der Vergangenheit entnommen ist. Ob eine Ankündigung ernst

gemeint war, stellen wir erst fest, nachdem sie sich verwirklicht hat, und wollten wir auf alle die hören, die sich nicht erfüllen, so würden wir schließlich nicht mehr wagen, den kleinen Finger der linken Hand zu bewegen.

Trotzdem sind es interessante Versuche. Werden sie eine Zeitlang fortgesetzt, so enthüllen sie ein völlig unbekanntes Gebiet in uns, und das ist immer von Nutzen. Sie lehren uns auch, dass, wenn wir uns bemühen, bestimmte verborgene Fähigkeiten zu entwickeln, wir alle mehr oder weniger Propheten sind und unsere eigenen Wahrsager werden können. Und noch ist uns unbekannt, wie weit uns die Versuche nach dieser Richtung führen werden. Sie lehren uns vor allem, uns mit dem wunderbarsten aller Probleme, die uns das Unbekannte des Weltalls darbietet, zu beschäftigen, mit der Präexistenz der Zukunft; ganz zu schweigen von dem, was damit zusammenhängt, vor allem von der unlöslichen Frage der Willensfreiheit. Mag das Ereignis, das diese Präexistenz aufdeckt, unbedeutend oder alltäglich sein; das Rätsel bleibt gleich gewaltig, gleich unergründlich, denn es setzt irgendwo in der Ewigkeit die vollendete, vollkommene und unabänderliche Gegenwart dessen voraus, was für uns noch nicht ist. Eine Flasche, die ich heute in meinem Traum fallen sehe, während sie in Wirklichkeit erst in drei Tagen fallen wird, enthüllt ein ebenso außerordentliches, ebenso unerklärliches Rätsel genau der gleichen Art, des gleichen Ursprungs und des gleichen Ausmaßes wie das Rätsel, das die Voraussage vom Fall eines großen Reiches in sich schließt, das erst in dreihundert Jahren stürzen wird.

Doch habe ich diese Fragen bereits in *La Connaissance de l'Avenir* erörtert, und ist der Versuch zwecklos, sie auf befriedigende Art zu beantworten, so ist es noch zweckloser, sich zu wiederholen.

Einsamkeit des Menschen.

Um zu vervollständigen, was in einem der letzten Kapitel der Abhandlung *Die vierte Dimension* gesagt wurde, und um gleichzeitig eine in meinem Buche *Das Leben der Termiten* kaum gestreifte Hypothese wieder aufzunehmen, wollen wir annehmen, dass es uns in einigen Dutzenden von Jahrhunderten gelungen sein wird, unser Gehirn ins Ungemessene zu vergrößern, wie es den weißen Ameisen mit den Kiefern ihrer Soldaten, dem Leib und dem Eierstock ihrer Königin gelungen ist. Wir haben also einen Menschen geschaffen, der tausendmal intelligenter ist als der

Intelligenteste von uns. Dank den Ratschlägen dieses hypertrophischen Gehirns haben wir unseren Körperbau vervollkommnet, ihn den Anforderungen des Lebens besser angepasst, ebenso wie die Termiten die Vorderseite ihrer Krieger mit einem Chitinharnisch gepanzert haben, der hundertmal leichter ist als Stahl und fast ebenso widerstandsfähig. Dieser Homo Novus hat sich alle Kräfte der Natur, deren jämmerlicher Spielball wir noch sind, dienstbar gemacht Er hat neue, von uns noch ungeahnte Kräfte entdeckt und weiß sie anzuwenden.

Um uns aber nicht in uferlose Phantastereien zu verlieren, nehmen wir einfach an, er sei imstande, mit Leichtigkeit zu vollbringen, was einigen von uns bereits jetzt fast ausführbar erscheint, nämlich seinen Geist nach Belieben von der fleischlichen Hülle zu befreien, ohne Gefahr und Schaden für diese Hülle, in die zurückzukehren ihm freisteht, wenn er es für angebracht hält. Nichts wahrscheinlicher als das, Heilige, Medien scheinen solches mehr als einmal ausgeführt zu haben. Er wird dazu weiter nichts nötig haben, als eine in den meisten Menschen schlummernde Gabe zu entwickeln und den Vorgang ganz sicher, rasch und ungefährlich zu gestalten. Sein körperlos gewordener Geist hat natürlich gelernt, sich im Raum, und vielleicht auch in der Zeit, zu bewegen und zurechtzufinden, im Augenblick die Grenzen aller uns bekannten planetarischen Systeme zu überfliegen, nach Belieben in der Unendlichkeit herumzuwandeln, wie wir in unserem Garten spazierengehen.

Hierbei sei bemerkt, dass die Ägypter zur Zeit der Pharaonen überzeugt waren, ihr Ka oder ihr unsterblicher Odem besitze in einem jenseitigen Leben, das dem Leben hienieden gleiche, diese Fähigkeit, ebenso wie die, jegliche Gestalt, selbst die Gestalt der Götter, anzunehmen.

Wahrscheinlich wird die Fähigkeit, aus unserem Körper zu entweichen, einer der ersten Siege unserer ins Tausendfache gesteigerten, oder im Besitz des Sinnes der vierten Dimension befindlichen Intelligenz sein, weil es der verhältnismäßig leichteste, verlockendste und fruchtbarste ist. Der auf diese Weise befreite Mensch wird zunächst die benachbarten Planeten aufsuchen: Den Merkur, die Venus, den Mars oder den Jupiter. Sollte es dort lebende Wesen geben, seien es Körper oder Geister, so wäre es ziemlich unwahrscheinlich, dass er sie nicht wahrnimmt, denn es ist natürlich, dass ein Geist andere Geister spürt, und es liegt kein Grund dafür vor, dass er stoffliche Wesen nicht entdecken sollte, so zart oder so klobig sie auch sein mögen, es sei denn, dass es sich um völlig unvorhersehbare Wesenheiten handelt. Es ist also nahezu gewiss, dass diese Bewohner der benachbarten

Planeten seinen Nachforschungen ebenso wenig entgehen können, wie die Menschen denen eines niedersteigenden Mars- oder Jupiterbewohners. Wir dürfen nicht aus dem Auge verlieren, dass er tausendmal intelligenter ist als wir, und dass sein Gehirn und seine Sinne ungewöhnlich vergeistigt sind.

Mögen diese Wesen stofflich oder geistig sein, er wird auf alle Fälle versuchen, sich mit ihnen in Beziehung zu setzen; dass ihm dieses nicht gelingen sollte, ist sehr unwahrscheinlich; denn hat er es nur mit Geistern zu tun, so werden sie sich ohne Zuhilfenahme von Zeichen oder Klängen durch psychische Wellen verständigen, wie einige besonders begabte Medien, obwohl in eine dicke Stoffschicht eingehüllt, manchmal Gedanken unseres Unterbewusstseins ohne die Unterstützung der Sinne wahrnehmen. Hat er es hingegen mit stofflichen Wesen zu tun, so kann er, um sich zu manifestieren, seinen auf der Erde verbliebenen Körper zu Hilfe nehmen und ihm die Substanz oder den Schein der Substanz, deren er bedarf, um sinnlich wahrnehmbar zu werden, entlehnen, wie es unsere Medien mit Ektoplasmen tun.

Dort oben oder dort unten wird er auf Geister stoßen, die in ihrer Entwicklung fortgeschrittener oder zurückgeblieben sind als wir. Sind sie rückständiger, so wird er ihr Lehrer werden. Sind sie uns überlegen, so wird er ihren Lehren lauschen, wird lernen, was sie wissen, wird sich um ihre Intelligenz bereichern; und da er bereits tausendmal intelligenter ist als wir, wird er die Möglichkeit haben, abermals tausendmal klüger zu werden und sich unbegrenzt, von Welt zu Welt, weiter zu entwickeln, da jede dieser Welten ihm eine leuchtende Stufe sein wird, um höher hinauf zu gelangen, bis er das letzte Wort des großen Geheimnisses erfasst hat, wenn es ein solches Geheimnis und ein solches Wort im Weltall wirklich gibt, und sie nicht ewig unmitteilbar sind.

Nehmen wir zunächst an, die Zivilisation eines dieser Planeten sei viel rückständiger als die unsere. Es herrschen dort Religionen, Gesetze, Bräuche, die barbarischer, widersinniger, grausamer sind als die unserer primitivsten oder degeneriertesten Wilden. Sie werden durch Krankheiten, Epidemien dezimiert, denen wir lange schon vorbeugend, Einhalt tuend oder heilend begegnen können. Wird nicht die erste Sorge unseres körperlos gewordenen Bruders sein, diesen unglücklichen Sternennachbarn alles, was er weiß, zu enthüllen, und als erstes ihren heftigsten und unerträglichsten Leiden Abhilfe zu schaffen?

Man kann aber ebenso gut voraussetzen, die Zivilisation auf anderen Planeten sei unendlich vollkommener als auf dieser Erde. Angenommen, ein Geist eines dieser genialen Planeten, der auf unsere Erde käme, interessiere sich nur flüchtig für unsere wissenschaftlichen Tastversuche, unsere phrasenhafte und einfältige Philosophie, unsere Literatur, unsere kindische Kunst, unsere politischen Albernheiten, für den Blödsinn unserer Gesetze und Sitten, so wird es doch ein Schauspiel geben, das, wie nachlässig oder verächtlich seine Untersuchung auch vorgenommen würde, unfehlbar seine Aufmerksamkeit erregen müsste, das Schauspiel nämlich der Ungerechtigkeiten der Natur, die auszugleichen wir noch machtlos sind, und die viel zahlreicher und himmelschreiender sind als unsere eigenen. Überall wird er Kinder sehen, die sinnlos von schrecklichen Leiden heimgesucht werden, Frauen, Greise, die grundlos, planlos, hoffnungslos bis zum letzten ihrer Tage unter unverdienten, schrecklichen Schmerzen stöhnen. Da er seit Jahrhunderten über alles hinaus ist, was unsere medizinische Wissenschaft noch nicht einmal zu ahnen vermag, kennt er die unfehlbaren Heilmittel, und es bedarf nur eines Wortes, um die Qualen zu beseitigen, um in Wiegen und auf Schmerzenslagern Gesundheit und Lebensglück wieder aufblühen zu lassen. Würden wir an seiner Stelle auch nur einen Augenblick zögern?

Wir wollen uns ernsthaft prüfen und fragen, ob in der Ewigkeit, die dem Augenblick unseres Seins vorangegangen ist, uns je ein Bote aus einer anderen Welt zu Hilfe gekommen ist? Hat die Menschheit, soweit ihr Gedächtnis zurückreicht, je auch nur die Spur oder Ahnung einer Einwirkung oder eines Eingriffs aus dem Jenseits empfunden – denn etwas Handgreifliches, Entscheidendes, Unwiderlegbares verlangen wir gar nicht? Haben wir nicht vielmehr das Wenige, was wir gelernt haben, ausschließlich aus uns selbst, aus unserem eigenen Elend entnommen? Finden wir irgendwo einen Hinweis auf eine Eingebung, die außermenschlich wäre? Und wenn dem so ist, was hat es zu bedeuten? Müssen wir dann nicht befürchten, dass wir in alle Ewigkeit einsam im Weltall sind, und keine andere Welt je intelligenter oder besser gewesen ist als die unsere? Und wenn wir wirklich des Weltalls Gipfel und Krönung sind, wenn Besseres nicht zu erhoffen ist, da es nie Besseres gegeben hat, was ist dann dieses Weltall und der Gott, der Gedanke, das Fatum oder der Zufall, der es erschaffen hat?

Spiel des Raumes und der Zeit.

In den letzten Kapiteln der Abhandlung *Die vierte Dimension* war die Rede von den eigenartigen Beziehungen zwischen Raum und Zeit. Wir wollen hier ein Beispiel geben für diese Beziehungen und die ungewohnten Probleme, die durch ihr Ineinandergreifen, ihre Verquickung, ihre Verschmelzung aus der Tiefe der Unendlichkeit emportauchen.

Man weiß heute, dass das Licht 300.000 Kilometer in der Sekunde durchläuft, was einstweilen die größte im Weltall bekannte Geschwindigkeit ist. Das Licht gewisser Sterne, etwa des Sternes S der Dorade, eines am südlichen Sternenhimmel sichtbaren Sternbildes, dessen wirkliche Lichtstärke der unserer Sonne 500.000 mal überlegen ist, braucht 100.000 Jahre, um zu uns zu gelangen. Tausende, ja Millionen anderer Sterne sind noch unendlich weiter entfernt, und ihre Strahlen, vielleicht vor der Geburt der Erde ausgesandt, haben uns noch nicht erreicht.

Wir wollen uns aber nicht in diesen Unermesslichkeiten verlieren, die auf die Vorstellungskraft verwirrend und lähmend wirken. Nehmen wir den Stern Mira, der dem anderen nicht nachsteht, denn er ist der größte bisher entdeckte Stern, doch unserem winzigen Erdball benachbarter. Mira Ceti wird die Wunderbare genannt, weil dieser Stern einer erstaunlichen Variation von 333 Tagen unterliegt, innerhalb welcher seine Lichtstärke von der zweiten in die neunte Größe übergeht.

Die Sternwarte vom Mount Wilson hat festgestellt, dass er einen Durchmesser von annähernd 200 Millionen Kilometer hat, während der Durchmesser unserer Sonne, deren Volumen ungefähr 1.310.000 mal so groß wie das der Erde ist, 1.500.000 Kilometer nicht erreicht. Ein von der Mira ausgesandter Strahl gelangt zu uns erst nach 72 Jahren.

Wir wollen nun annehmen, dass auf diesem riesenhaften Stern, wo die Zivilisation vielleicht viel fortgeschrittener ist als bei uns, ein Astronom ein Fernrohr hätte oder einen beliebigen anderen Apparat, der stark genug wäre, deutlich wahrzunehmen, was auf unserem Planeten vorgeht; um diesem Astronomen Gelegenheit zu geben, ein großartiges und denkwürdiges Schauspiel im Raume zu erblicken, wollen wir ferner annehmen, er habe das Objektiv seiner ungeheuren Brille vor zwei Jahren auf Paris gerichtet. Er wird dann die Ereignisse gesehen haben, die sich im Jahre 1853 in dieser Stadt abspielten, nämlich die prachtvollen Festlichkeiten, mit allen ihren glanzvollen Einzelheiten, die zu Ehren von Napoleons III. Hochzeit mit Eugenie de Montijo de Guzman stattgefunden haben.

Dieses Schauspiel, dem er beiwohnt, als lebte er noch im Jahre 1853 und lehnte aus einem Fenster der Place de la Concorde, hat 72 Jahre gebraucht, um auf den Lichtwellen durch den uferlosen Ozean des Äthers zu wandeln, bevor es an sein Auge gelangte. Mehr als 14 Lustren sind vergangen, seit diese Festzüge auf Erden stattfanden, und alle, die daran teilnahmen, ruhen längst auf den Kirchhöfen rund um Paris. Dennoch spielt sich in den Augen des Astronomen der Mira dieses unbewegliche und unterirdische, in der Vergangenheit begrabene Leben unwiderleglich in der Gegenwart ab, denn für ihn ist das, was er sieht, notwendigerweise Gegenwart.

Die Menge, die an seinen Augen vorüberzieht und auf den Straßen tanzt, ist nicht dem Grabe entstiegen, sondern noch nicht ins Grab hinabgewandert. Diese Menschen, die für uns Erdenkinder gestorben scheinen, haben im Raume oder der verräumlichten Zeit fortgelebt, und ihr Dasein, das heißt ihre Gegenwart, verlängert sich auf diese Art unendlich, in einer Ausdehnung, deren Grenze stets unerreicht bleibt; so dass, was hinsichtlich der Zeit nicht mehr existiert, weiterbesteht hinsichtlich des Raumes, der, wie wir gesehen haben, nur ein anderes Gesicht der Zeit ist.

Wenn wir unterstellen, dass der Astronom der Mira, was recht wahrscheinlich ist, die Lichtgeschwindigkeit, die bis auf weiteres im ganzen Weltall die gleiche zu sein scheint, kennt, so wird er sich dessen bewusst sein, dass er nur illusorische, verspätete Gegenwart sieht. Soll das etwa heißen, dass die Gegenwart der Erde die einzig wirkliche und kosmische Gegenwart sei? „Die wirkliche Zeit", sagt Bergson, „ist die gelebte Zeit, oder eine solche, die es hätte sein können." Gewiss, aber von wem gelebt, und haben nicht alle Welten die gleichen Rechte? Handelt es sich nicht vielmehr im vorliegenden Fall um eine relative und lokale Gegenwart, die hier nur Bedeutung gewinnt und den Sieg über die andere Gegenwart davonträgt, weil sie sich mit Ereignissen beschäftigt, die sich auf unserem Erdball zutragen oder zugetragen haben. Aber wo befindet sich dann die wirkliche, die absolute Zeit? Es sei denn, dass es eine wirkliche, eine absolute Zeit nicht gäbe, weil es überhaupt keine Zeit gibt. Da alles hierbei Konvention ist, kann diese Konvention durch eine entgegengesetzte über den Haufen geworfen werden.

Nehmen wir an, dass von Stern zu Stern in bestimmten Abständen Fernrohre aufgestellt würden, in der Weise, dass sie, bis die Jahrhunderte aufgebraucht wären, Sehzwischenräume von je 72 Jahren bildeten. Gibt es raschere Mitteilungsmöglichkeiten als das Licht, so wird der Astronom der Mira dem Astronomen des 144 Lichtjahre entfernten Sternes voraussagen können, was dieser in 72 Jahren auf der Erde sehen wird, obgleich diese angekündigte Zukunft für ihn schon seit annähernd 15 Lustren

Vergangenheit ist, und so fort, von Stern zu Stern, Millionen von Jahrtausenden hindurch, die kein Ende haben werden; denn es liegt kein Grund vor, dass das Bild des Lebens, vielleicht das Leben selbst, je im Raume und der Zeit verlöschen sollte. Nur unsere Mittel, es wiederzufinden, zu erreichen und einzufangen, sind noch unzulänglich. Wir fragten uns soeben, wo die wirkliche Zeit sei, könnten wir uns nicht ebenso gut fragen, wo sich das wirkliche Leben befindet?

Es steht fest, dass dieses zwischensternliche Leben besteht, mag es Zeugen haben oder nicht. Aber was wird bei alledem aus unseren Vorstellungen von Gegenwart, Vergangenheit und Zukunft? Ruhen nicht in dieser Vielheit der Zeiten, die nur reine Konventionen sind, die künftigen Ereignisse irgendwo in der Gegenwart, wie auch die vergangenen Ereignisse noch in ihr sind? Sie fühlen sich dort nicht beengt, ist doch die Gegenwart ewig, das heißt unendlich im Raume wie in der Zeit.

Auf jeden Fall können wir uns die Zeit nur in Bezug auf uns vorstellen; und das ist sicherlich der Beweis dafür, dass sie an sich nicht existiert, dass sie stets abhängt von dem, dem ihr Begriff innewohnt, dass es im absoluten Sinn keine Vergangenheit und keine Zukunft gibt, sondern überall und stets nur ewige Gegenwart. In Wahrheit sind es nicht die Ereignisse, die sich nähern oder entfernen, sondern sind wir es, die an ihnen vorüberziehen; nicht das Ereignis kommt auf uns zu, sondern wir gehen ihm entgegen.

So tauchen wir einen flüchtigen Blick in eine vierdimensionale Welt, in der das Vorher, das Nachher und das Jetzt übereinandergeschichtet, aufgestapelt sind wie fotografische Filme, und nebeneinander bestehen vom Urbeginn der Zeiten an.

Gott.

Als von dem Leben des Raumes die Rede war, in dessen Tiefe sich der ungeheure Schatten des Welträtsels abzeichnet, der zugleich der Schatten des Herrn der Welten ist, hat man mich kürzlich gefragt: Welches ist der Gott Ihrer vierten Dimension? Was wird aus ihm in diesem Hyperraum, und was wissen Sie von ihm?

Wer kann diese Fragen beantworten? Mag es vier Dimensionen geben oder tausend, immer werden sie erfüllt sein von Gott. Was mein Wissen anlangt, so verweise ich auf die großen Religionen, die großen Philosophien, die schlechterdings nichts darüber wissen. Nachdem sie gesagt haben, er sei der Geist des Weltalls, das Nichtwesen, welches das Wesen der Wesen ist, das Absolute des Absoluten, das die ganze Zeit und den ganzen Raum einnimmt, oder vielmehr, dass er der unendliche Raum und die unendliche Zeit selbst ist – die einzigen unseren Augen oder unserer Vorstellung zugänglichen Formen der Unbegrenztheit –, nachdem sie behauptet haben, er sei die uranfängliche und allumfassende Kraft, deren Substanz der Äther ist, nachdem sie erklärt haben, er sei die ursachlose Ursache aller Ursachen, die dreifache Finsternis, bei deren Betrachtung alles Wissen sich in Unwissenheit auflöst, gelangen alle am Ende dieser volltönenden und nutzlosen Versuche, und noch tausend anderer, die nicht fruchtbarer sind, zur Erkenntnis, dass er der unbekannte Urquell aller Dinge ist. Es ist uns aber alles unbekannt, zu allererst, was wir zu kennen glauben. Und dies ist bis auf weiteres der einzige Beweis für das Dasein Gottes, da ja das Unbekannte das einzige ist, was unzweifelhaft existiert – können wir doch nicht behaupten, irgendetwas zu kennen.

Selbst die katholische Religion, von allen die positivste, ist ebenso agnostisch wie die anderen, sobald man ihren Gedanken auf den Grund geht. Dionysius Areopagita, der an der Quelle des ganzen christlichen Mystizismus steht, spricht von Gott nur in negativen Ausdrücken: „Die Ursache aller Dinge ist weder Seele noch Intellekt; sie hat keine Vorstellungskraft, keine Meinung, nicht Vernunft oder Verstand, sie ist auch nicht Vernunft noch Verstand, nicht Wort noch Gedanke. Ebenso wenig ist sie Zahl, Ordnung, Größe, Kleinheit, Gleichheit, Ungleichheit, Ähnlichkeit oder Unähnlichkeit. Sie bewegt sich nicht, sie ruht nicht … Sie ist weder Wesenheit, noch Ewigkeit, noch Zeit. Selbst der geistige Kontakt ist ihr nicht eigen. Sie ist nicht Wissen noch Wahrheit. Sie ist auch nicht Herrschaft oder Weisheit, noch Eins, noch Einheit, noch Göttlichkeit, noch Güte, nicht einmal Geist, wie wir ihn kennen."

Nach Scotus Erigena, dem großen Theologen des neunten Jahrhunderts, der die Lehre des Areopagita wiedergibt, ist Gott das unbenannte Wesen, das über allen Kategorien steht, also das Nichts, also die unbegreifliche Wesenheit des Weltalls. Diese negative Theologie ist niemals von der Kirche verworfen worden und findet sich noch bei Bossuet wieder, ihrem positivsten, strengsten und rechtgläubigsten Theologen. „Jede Sehkraft des Glaubens", sagt er, „scheint darauf beschränkt, deutlich zu sehen, dass man nichts sieht. Und wenn man sagt, die Seele sehe Gott durch den Glauben, so heißt das, dass sie ihn eben nicht sieht." Worte, die über fünfzig Jahrhunderte hinweg sich an die großen Lehren Indiens anreihen, namentlich an die Worte des Samaveda, die ich später anführen werde.

Er ist also das unermessliche, unauflösbare, ewige Unbekannte, das Unbekannte des Unbekannten, das Nichts des Nichts, das „Wer?" oder das Fragezeichen in der Finsternis und der Unendlichkeit des Sohar, das „Das" der Vedas, „der Geheimnisvolle unter den Geheimnisvollen". Um ihn nicht im Schweigen zu begraben, dem einzigen Tempel, den man ihm weihen könnte, wird man sagen, er sei der Geist, die Intelligenz des Weltalls. Da die Intelligenz des Weltalls notwendigerweise unendlich ist, ist sie uns unzugänglich. Nur einen undeutlichen Schimmer von ihr erkennen wir in dem, was wir Natur nennen, dem Schauspiel des Lebens auf unserer winzigen Erde. Aber selbst auf dieser unbedeutenden Bühne bringt uns diese Intelligenz, die bisweilen der unsrigen verwandt scheint, in jedem Augenblick außer Fassung. Sie häuft dort Wunder an, die alles übertreffen, was unser Geist erfinden oder erdenken könnte; aber auf der anderen Seite gewahren wir Irrtümer, Unbedachtheiten, Ungeschicklichkeiten und vor allem Ungerechtigkeiten, für die es uns nicht gelingt, eine Erklärung zu finden. Ebenso wenig gelingt es uns zu erklären, warum diese Intelligenz, die ein Ziel haben muss, dieses Ziel in der Ewigkeit, die dem kurzen Augenblick unseres Seins vorangegangen ist, noch nicht erreicht hat; was zugleich bedeutet, dass sie es nie erreichen wird, da beide Ewigkeiten, nämlich die vorangegangene und die uns nachfolgende, identisch, oder vielmehr eins sind.

Schweigend neige ich mich vor Ihm. Je weiter ich vordringe im Raum, um so weiter weichen seine Grenzen zurück. Je mehr ich grüble, um so weniger verstehe ich ihn. Je mehr ich ihn betrachte, um so weniger sehe ich ihn, und je weniger ich ihn sehe, um so gewisser bin ich seines Daseins; denn gäbe es ihn nicht, so wäre überall das Nichts, und wer könnte fassen, dass es das Nichts gibt.

Ich bin glücklich, nichts davon zu verstehen. Könnte ich in diesem Leben wissen oder begreifen, was Gott ist, so wäre ich lieber auf ewig nicht mehr; denn das Weltall wäre dann nichts als eine unermessliche Sinnlosigkeit. Wie vor Tausenden von Jahren der Samaveda gesagt hat: „Ein weniges von ihm wissen, heißt nicht ihn kennen. Denen, die ihn am besser kennen, gilt er als unbegreiflich, und die gar nichts von ihm wissen, wähnen ihn ganz zu kennen."

Weitere Bücher aus dem Christof Uiberreiter Verlag:

Das goldene Blatt der Weisheit
Seila Orienta/Franz Bardon

Zum ersten Mal in der okkulten Literatur wird die 4. Tarotkarte des Hermes Trismegistos verständlich beschrieben und offengelegt. Sie beinhaltet unbekannte Konzentrations- und Meditationsübungen. Des Weiteren gibt sie Hinweise und erklärt die Unterschiede zwischen Magie und Mystik und Gefahren des einseitigen Weges. Am Ende steht die Verbindung mit der universellen Gottheit, dem Herrn der Sonnensphäre, welcher quabbalistisch „Metatron" genannt wird.

*

5. Tarotkarte – Mysterien des Steins der Weisen
Seila Orienta/Franz Bardon

Dieses Buch stellt die Vorderseite der Alchemie dar, die die einzelnen praktischen Übungsschritte erklärt, ohne die verschlüsselten Mystifikationen der alten Alchemisten auch nur annähernd zu erwähnen, wie man es aus den anderen Büchern des Franz Bardon kennt. Es wird erklärt, dass ohne vollkommene Beherrschung der 4 Elemente keine Alchemie möglich ist. Des Weiteren wird mit den einzelnen Ebenen, mit den Matrizen, dem elektromagnetischen Fluid usw. gearbeitet. Doch den Hauptpunkt stellen die göttlichen Eigenschaften wie z. B. die Allmacht dar, mit denen der Göttliche Stein der Weisen durch gewisse Übungen geladen wird.

*

Talismanologie und Mantramkunde
Seila Orienta/Franz Bardon

Zum ersten Mal werden hier (magisch) geladene Mantrams – Gebetssätze – preisgegeben, welche bei nötiger Reife, Ausgeglichenheit und Reinheit durchdringende Erfolge versprechen. Mantrams sind ja nach Bardon nicht irgendwelche „Suggestionssätze", sondern sie sind Ideenausdrücke, mit denen man mit Mächten, Kräften, Eigenschaften, also Gottheiten, in Verbindung kommen kann. Gleichzeitig werden die dazugehörigen Siegelzeichen der göttlichen Ideen preisgegeben, welche im rituellen

Zusammenhang mit den Mantrams stehen. Ein Buch, das nicht nur die Hermetiker, sondern auch die Anhänger der Yogawissenschaften inspirieren wird!

*

Eine Sammlung der schönsten und lehrreichsten Beschwörungsgeschichten
Hohenstätten

Dieses Buch ist einzigartig, denn es zeigt den zweiten Band von Franz Bardon an Hand von interessanten Evokationsberichten, die genau das bestätigen, was Bardon in seinem Buch geschrieben hat, und noch darüber hinaus. Es werden sensationelle Erlebnisse geschildert, die man sonst niemals findet. Auch aus unveröffentlichten Schriften wird zitiert.

*

Verkörperungen des Meister Arion
Hohenstätten

Man wird beim Lesen dieses Buches nicht glauben, wie viele bekannte und unbekannte Inkarnationen Franz Bardon hatte. Die paar, die im „Frabato" bekannt gegeben wurden, stellen nur einen geringen Teil seiner Verkörperungen dar. Wir mussten, da es dermaßen wenig Literatur über die Verkörperungen gab, wieder Hunderte und Aberhunderte von Büchern, Aufsätzen, Zeitschriften und Artikeln durcharbeiten, bis wir genügend Material für dieses Buch hatten. Aber der Leser wird sich beim Lesen sicherlich über unsere Arbeit freuen, denn sie wird ihn in Erstaunen versetzen!

*

Shamballa, der goldene Tempel des Lichts
Hohenstätten

Dieser Tempel dürfte jeden Leser von Bardons Roman „Frabato" fasziniert haben. Dass es aber in der okkulten Literatur noch viel mehr Informationen darüber gibt, die man aber nur findet, wenn man alles Veröffentlichte gelesen hat, dürfte dem einen oder anderen unbekannt sein. Es wurden wieder ganze Stöße von Büchern durchgesehen und das Ergebnis wird hier veröffentlicht. Es wird aber gleichzeitig darauf hingewiesen, wie viel Schundliteratur es darüber gibt, wie viel Lügen im Umlauf sind, damit sich der Schüler der Hermetik ein klares Bild machen kann. Wir bringen in diesem Buch alles, was wir an Material darüber gefunden haben, und es wird auch noch einiges aus der eigenen Erfahrung, was das Wertvollste ist, mitgeteilt. Nicht nur über den Tempel wird berichtet, sondern auch über die damit verbundene „Bruderschaft des Lichts", deren Sitz er darstellt.

*

Auf der Suche nach Meister Arion
Hohenstätten

Diese Autobiographie eines Schülers der Hermetik des Franz Bardon schildert sein magisches Leben, in welchem zahlreiche Erfahrungen zu den Übungen aus dem Adepten geschildert werden, die die Hauptperson selbst erlebt hat. Es wird der schwere Weg des Adepten aus autobiographischer Sicht gezeigt, seine vielen Tiefschläge, aber auch seine glanzvollen Seiten und Zeiten. Der harte Kampf mit dem Seelenspiegel wird bis in alle Einzelheiten aufgezeigt, genauso wie die vielen anderen Wege, in welche der Autor reinschnupperte, um dadurch reichlich Erfahrung sammeln zu können. Darüber hinaus enthält es unzählige Erfahrungen und Berichte betreffs Mantramistik nach Bardon, die wahre Runenmagie, zahlreiche Evokationen sowie Invokationen mit seinem Lehrer Anion, einen magischen Exorzismus, wie er bisher noch nie öffentlich geschildert wurde. Mentalreisen, Beeinflussungen, Übungen zur Gottverbundenheit, Erscheinungen, Alchemie, Heilungen mit den verschiedensten magischen Methoden z. B. Quabbalah oder durch die Elemente, Schutzgeistevokationen und viele andere magische „Wunder" seines Freundes und Lehrers Anion. Auch einige magische Fotos in Farbe, ein bisher von Bardon unveröffentlichtes Akashafoto von Christus und ein Bild des schwebenden Meister Arion werden in diesem Buch preisgegeben. Der Inhalt ist viel reichlicher, als hier kurz beschrieben werden kann.

*

Magisches Gleichgewicht
Hohenstätten

Dieses Buch zeigt eindeutig, dass in allen anderen Systemen das „Gleichgewicht" genauso gebraucht wird, wie bei Bardons Werken. Er war nicht der Einzige, der das erwähnte, aber er war der erste, der es deutlich erklärte, denn die anderen Systeme sprachen nur durch das Symbol, welches nicht jedem Leser verständlich war. Obendrein bringen wir noch Unveröffentlichtes vom Meister Arion zu dieser Grundlage der magischen

Entwicklung.

*

Das Leben und die Erfahrungen eines wahren Hermetikers
Seila Orienta

Diese Autobiographie eines Magiers ist unübertroffen, denn bis jetzt hat kein einziger okkult Geschulter so offen und ehrlich gesprochen wie Seila Orienta. Er gibt in diesem Werk sein Leben bekannt, sowie seine zahlreichen und äußerst interessanten Erlebnisse und Erfahrungen. Es werden auch zum ersten Mal Fotos von Wesen der Sphären gezeigt, welche Franz Bardon höchstpersönlich in den 1920ern gemacht hat. Des Weiteren schreibt Seila Orienta über die Sphären, über Dämonen, Logenkontakte und vieles, vieles mehr, was einem ehrlich strebenden Hermetiker das Herz übergehen lassen wird.

*

Das Leben des Franz Bardon
Hohenstätten

Dieses Buch beschreibt das Leben des Meisters außerhalb des Frabatos, welches seine Sekretärin – Otti V. – geschrieben hat. Es beinhaltet Erklärungen zu seiner „Biografie", weitere Einzelheiten über den Kampf mit der FOGC, seine Beziehung zu Wilhelm Quintscher und anderen Okkultisten, was alles bisher unbekannt war! Des Weiteren werden viele Erlebnisse seiner Schüler in Prag erzählt, verschiedene magische Leistungen und interessante Geschichten Bardons beschrieben, die bis dato unveröffentlicht sind. Es werden auch seine drei Lehrwerke und deren Wirkung auf die Öffentlichkeit von einem anderen, unbekannten Standpunkt geschildert, welcher durch bisher schwer zugängliche Schriften unterstützt wird. Als Krönung wird seine aus dem Tschechischen übersetzte „Runenschrift" zum ersten Mal veröffentlicht. Auch einige Seiten aus anderen unveröffentlichten Schriften von ihm sowie interessante Fotos des Meister Bardon und seiner Freunde werden hier preisgegeben und vieles, vieles mehr.

*

In Verbindung mit der Gottheit
Hohenstätten

Über das Thema der Gottverbundenheit mit all seinen Formen und

Methoden wurde bis heute noch nie ein Buch verfasst, geschweige denn eine Schrift geschrieben. Man findet in der okkulten wie in der östlichen Literatur nur spärliche Hinweise, die größtenteils verschlüsselt sind oder so geschrieben wurden, dass man sie kaum versteht. Im Gegensatz dazu wird in diesem Buch offen dargelegt, dass das 1. kleine Arkanum der 78 Tarotkarten die Gottverbundenheit in ihrer Reinform darstellt.

*

Hermetische Heilmethoden
Hohenstätten

Dieses Buch stellt in der okkulten Literatur ein absolutes Unikum dar, denn über die Gesamtheit der okkulten Heilmethoden wurde bis jetzt noch NIE etwas Sinnvolles geschrieben. Es werden alle Heilmethoden erwähnt, die der hermetische Schüler mit Hilfe seiner bisher erlangten Konzentrationsfähigkeit ausüben und verwenden kann.

*

Erste hermetische Zeitschrift

„Der hermetische Bund teilt mit" ist eine der wenigen magisch-mystischen Zeitschriften, welche sich soweit als möglich auf die universelle Lehre von Franz Bardon bezieht. Sie versucht sich an die Gesetze des 4-poligen Magneten zu halten und vermittelt Wissen sowie Hinweise für die Praxis, damit der Leser die Möglichkeit hat, sie in seinen hermetischen Weg aufzunehmen und für sich gewinnbringend zu verarbeiten.

Noch viel mehr hermetische Literatur finden Sie auf unserer Website: http://www.hermetischer-bund.com.

Viel Vergnügen beim Stöbern!

Der Verlag